보장컨설팅을 위한 통계 키워드
보장왕 통키 시즌2

보장컨설팅을 위한 통계 키워드

보장왕 통키 시즌2

초판 발행	2023년 11월 06일
개정 초판 1쇄 발행	2024년 02월 13일
개정 초판 2쇄 발행	2024년 11월 21일
개정 2판 1쇄 발행	2025년 04월 15일

지 은 이　최돈호, 네오머니(주) 공저
디 자 인　심현옥
펴 낸 곳　네오머니㈜
펴 낸 이　김문성
주　　소　경기도 구리시 갈매순환로 166번길 46
전　　화　02-2088-5480
팩　　스　02-2088-5490
등　　록　제2006-000122호

ISBN 978-89-93281-77-4　정가 20,000원

이 책은 저작권법에 따라 보호받는 저작물이므로 무단 전재와 무단 복제를 금지하며,
이 책 내용의 전부 또는 일부를 이용하려면 반드시 저작권자와 네오머니(주)의 서면동의를 받아야 합니다.
잘못된 책은 구입하신 서점에서 바꿔 드립니다.

1장. 사망원인 중 독보적 1위, 암

암 보장설계를 위한 기본 재료

암이란 무엇인가?	18
암의 병기는 어떻게 결정될까?	19
암 치료방법 ❶ 수술	21
암 치료방법 ❷ 항암치료	23
암 치료방법 ❸ 방사선치료	27
암보장이 왜 중요할까?	30

암보장설계 1 폐암

	36
핑거클러빙을 아시나요?	38
폐암은 사망률이 가장 높은 암입니다.	39
매 28분마다 1명씩 폐암으로 사망합니다.	39
폐암의 사망률이 높은 이유는 특별한 병적인 증상이 없기 때문입니다.	40
특별한 병적인 증상이 없으면 병원을 가지 않는 것이 문제입니다.	40
폐암의 생존율은 전체 암 평균의 절반 수준으로 낮습니다.	41
폐암의 원인 중 약 70%는 흡연입니다.	42
폐암 환자 3명 중 1명 이상이 비흡연자입니다.	42
여성 폐암 환자는 지속적으로 증가하고 있습니다.	43
여성 폐암 환자 중 비흡연자의 비율이 무려 94.4%입니다.	43
여성 폐암 환자 42.0%는 4기에 발견됩니다.	44

Epilogue

보장설계 프로세스를 한 눈에, Consulting Map   46

암보장설계 2 위암

	48
어떤 한식을 가장 좋아하세요?	50
만성위축성위염은 위암의 원인이 됩니다.	51
만성위축성위염 환자가 급격히 증가하고 있습니다.	51
위암은 갑상선암을 제외하고 유병자가 가장 많은 암입니다.	52
한국 남자라면 40세 전에 대비해야 합니다.	52
젊은 층과 여성에게 많은 청년암, 미만형 위암	53
위암은 상대적으로 생존율이 높은 암입니다.	54
위암의 원격전이기 생존율은 7.5%에 불과합니다.	54

Epilogue
보장설계 프로세스를 한 눈에, Consulting Map — 56

암보장설계 3 대장암

	58
요즘 방귀 냄새 괜찮으세요?	60
대장암 환자의 방귀에는 정상인보다 10배 이상 많은 메탄티올이 검출됩니다.	60
대장암은 암종별 발생률 2위 입니다.	61
대장암 환자는 꾸준히 증가하고 있습니다.	61
대장암 환자 10명 중 9명은 50대 이상입니다.	62
연령에 따른 인당치료비의 차이는 거의 없습니다.	62
대장암은 암종별 사망자 수 3위 입니다.	63
대장암의 생존율은 모든 암의 평균과 비슷한 수준입니다.	63
대장암의 검진 수검률은 위암, 유방암의 약 60% 수준입니다.	64

Epilogue
보장설계 프로세스를 한 눈에, Consulting Map — 66

암보장설계 4 유방암

	68
우리 아이들은 몇 살에 초경을 시작할까요?	70
여성 암 환자 5명 중 1명은 유방암입니다.	71
여성에게 발생한 암 중 유일하게 유방암만 지속적으로 증가 중입니다.	71
유방암은 40~50대에 주로 발생하는 젊은 암입니다.	72
환자 수는 적지만 2030세대의 경제적 부담이 가장 큽니다.	73
유방암 절제술과 재건술에 로봇수술 비중이 늘고 있습니다.	73
유방암은 상대적으로 생존율이 높은 암입니다.	74
하지만, 악명높은 간암 만큼 치명률이 높습니다.	74
유방암은 재발률이 높은 뒤끝 있는 좀비형 암입니다.	75
때문에 최근에는 5년이 아닌 10년 생존율이 중요합니다.	75
유방암은 전이율이 높은 암입니다.	76

Epilogue

보장설계 프로세스를 한 눈에, Consulting Map	78

암보장설계 5 간암

	80
로마 신화의 '술의 신' 이름은 무엇일까요?	82
간은 해독과 대사를 책임지는 우리 몸의 에너지 관리센터입니다.	82
간암의 원인 중 약 70%는 간염입니다.	83
B형 간염 환자는 지속적으로 증가하고 있습니다.	83
간암은 발생자 수 7위로 흔한 암은 아닙니다.	84
간암 발생률은 남자 5위, 여자 8위로 남자의 위험률이 더 높습니다.	84
발생률은 낮지만 사망자 수 2위로 치명률은 높은 암입니다.	85
병기와 상관없이 생존율이 매우 낮습니다.	85
간암은 40~50대의 가장을 앗아가는 침묵의 암살자입니다.	86
치명률이 높은 만큼 치료비용이 많이 드는 암입니다.	86

Epilogue

보장설계 프로세스를 한 눈에, Consulting Map	88

암보장설계 6 갑상선암

	90
비누를 고르는 기준이 있으세요?	92
4년 연속 우리나라 암 발생자 수 1위의 암입니다.	93
암 발생자의 증가속도는 모든 암에 비해 3.7배 이상 빠릅니다.	94
갑상선암 환자는 30~50대의 젊은 여성이 많습니다.	94
갑상선암 환자 수는 지속적으로 증가하고 있습니다.	95
갑상선암 환자의 92.6%는 초기에 진단됩니다.	95
갑상선암의 5년 상대생존율은 100.1%로 암 중에서 가장 높습니다.	96
암 사망률은 낮지만 환자 수가 많은 '못된 암'입니다.	96

Epilogue

보장설계 프로세스를 한 눈에, Consulting Map	98

맛있고 풍성한 보장설계를 위한 Consulting Tip	**100**
본인일부부담금 산정특례제도	100
암의 경제적 비용부담 추계	102
실손의료보험의 변천	104
보장설계시 이것만은 꼭 챙겨야 할 Consulting Point	**106**

2장. 몰려 다니는 나쁜 친구, 3高 질환

3고(高) 질환 보장설계를 위한 기본 재료

혈관 질환의 시작, 죽상경화	110
3高 질환 ❶ 고혈압	112
3高 질환 ❷ 고혈당(당뇨)	114
3高 질환 ❸ 고지혈증	116
몰려다니는 나쁜 친구, 3高 질환	118
3高 질환의 치료방법	119
3高 질환의 나비효과, 합병증	121

3고 질환 보장설계 1 고혈압

	122
비만의 기준을 알고 계신가요?	124
비만의 경우 정상인에 비해 고혈압 발생위험이 높습니다.	124
우리나라 30세 이상 성인 3명 중 1명은 고혈압 환자입니다.	125
남성의 유병률은 소폭 감소, 여성은 소폭 증가하는 추세입니다.	125
고혈압 환자는 지속적인 증가 추세를 보이고 있습니다.	126
남성은 나이들수록, 여성은 중년 이후에 위험합니다.	127
고혈압 환자의 10명 중 4명은 조절을 못하는 것이 현실입니다.	127
뇌혈관 질환의 가장 중요한 원인은 고혈압입니다.	128
혈압이 낮아지면 중대질병의 위험도 낮아집니다.	128

Epilogue

보장설계 프로세스를 한 눈에, Consulting Map	130

3고 질환 보장설계 2 고혈당 (당뇨) 132

- 당뇨병의 또 다른 이름은 삼대(三多)병입니다. 134
- 당뇨병 환자의 대부분은 제2형 당뇨병입니다. 134
- 만 30세 이상 성인 7명 중 1명은 당뇨병 환자입니다. 135
- 당뇨병의 유병율은 최근 소폭 증가하는 추세입니다. 135
- 남성은 40~50대에, 여성은 60대 이후에 더 위험합니다. 136
- 당뇨병의 조절률은 3고 질환 중 가장 낮습니다. 136
- 당뇨병 환자의 절반 이상은 비만 또는 복부비만입니다. 137
- 당뇨병을 유발하는 위험한 생활습관이 있습니다. 137
- 당뇨병 환자의 44.5%는 고혈압과 고지혈증을 함께 앓고 있습니다. 138
- 당뇨병은 혈관합병증이 더 무서운 병입니다. 138

Epilogue
보장설계 프로세스를 한 눈에, Consulting Map 140

3고 질환 보장설계 3 고지혈증 142

- 우리나라 20세 이상 성인 5명 중 2명은 이상지질혈증 환자입니다. 144
- 남자는 고중성지방과 저HDL콜레스테롤, 여자는 고LDL콜레스테롤이 더 위험합니다. 144
- 고콜레스테롤혈증의 유병률은 남녀 모두 소폭 감소하는 추세입니다. 145
- 남성은 중년기에, 여성은 노년기에 콜레스테롤을 조심해야 합니다. 145
- 개선되고 있지만 인지도 못하고, 치료도, 조절도 못하고 있습니다. 146
- 당뇨병 환자는 정상인에 비해 2.8배 유병률이 높습니다. 146
- 고혈압 환자는 정상인에 비해 2.2배 유병률이 높습니다. 147
- 비만 환자는 정상인의 2.0배, 복부비만은 1.9배 유병률이 높습니다. 147
- 고지혈증의 원인은 생활습관입니다. 148

Epilogue
보장설계 프로세스를 한 눈에, Consulting Map 150

맛있고 풍성한 보장설계를 위한 Consulting Tip 152

보장설계시 이것만은 꼭 챙겨야 할 Consulting Point 154

3장. 뇌가 죽어가는 중입니다, 뇌혈관 질환

뇌혈관 질환 보장설계를 위한 기본 재료

뇌의 구조	158
뇌혈관 질환	159
막히면 큰 일, 뇌경색	160
터지면 더 큰 일, 뇌출혈	161
뇌출혈의 뇌관, 뇌동맥류	162
카테터를 이용한 스텐트 삽입술	163

뇌혈관 질환 1

164

일과성 뇌허혈발작, 뇌가 우리에게 보내는 경고신호입니다.	166
뇌경색 발생확률은 뇌출혈에 비해 약 5배 높습니다.	166
뇌경색과 뇌출혈의 사망자 수는 비슷해 뇌출혈이 더 치명적입니다.	167
나이들수록 뇌경색, 나이에 상관없이 뇌출혈을 조심하세요.	168
남자는 중년기에, 여자는 노년기에 뇌졸중에 주의해야 합니다.	168
뇌혈관 질환은 추운 겨울에 더 위험합니다.	169
생명을 살리는 골든타임은 3시간 입니다.	169
급성 뇌경색은 후유증 발생 정도에 따라 치료비가 5배 증가합니다.	170
뇌혈관 질환이 발생하면 대부분 후유증이 생깁니다.	170

Epilogue

보장설계 프로세스를 한 눈에, Consulting Map	172

맛있고 풍성한 보장설계를 위한 Consulting Tip	174
보장설계시 이것만은 꼭 챙겨야 할 Consulting Point	176

4장. 1초라도 멈추면 죽는다, 심혈관 질환

심혈관 질환 보장설계를 위한 기본 재료

심장과 관상동맥	180
심장 질환	181
질병분류코드별 심장 질환	182
유병자 중 절반은 허혈성 심장 질환	183
성별 심장 질환 환자 수	184
사망원인이 심장 질환인 이유	185

1 심혈관 질환

186

속 터지는 교통체증처럼 관상동맥이 꽉 막히는 질환입니다.	188
심혈관 질환 유병자는 지속적으로 증가하는 추세입니다.	188
심혈관 질환은 남성이 더 위험하며 특히 심근경색은 압도적으로 많습니다.	189
심혈관 질환 환자의 63.2%는 협심증 환자입니다.	190
환자 수는 협심증이 약 5배 많지만, 심근경색이 훨씬 더 치명적입니다.	191
심장 질환은 악성신생물에 이어 우리나라 사망원인 2위입니다.	191
심혈관 질환은 반드시 비싼 수술비에 대비해야 합니다.	192
심혈관 질환은 수술이 불가피한 질병입니다.	193
급성 심정지 환자 10명 중 8명은 심혈관 질환 등 질병이 원인입니다.	194
급성 심정지는 회복이 어렵고 정상생활로 돌아오기도 힘듭니다.	194

Epilogue
보장설계 프로세스를 한 눈에, Consulting Map — 196

맛있고 풍성한 보장설계를 위한 Consulting Tip — 198

보장설계시 이것만은 꼭 챙겨야 할 Consulting Point — 202

5장. 가족이 함께 앓는 슬픈 질병, 치매

치매 보장설계를 위한 기본 재료

치매의 정의	206
치매의 종류	207
치매의 원인 질환	209
치매의 진단	210
경도인지장애	212
치매의 약물치료	213
치매 지원 서비스	214

치매 1

	216
주문을 틀리는 요리점	218
65세 이상 노인 10명 중 1명은 치매환자입니다.	218
65세 이상 치매환자 중 여자의 비율이 남자보다 높습니다.	219
치매환자는 지속적으로 증가하고 있는 추세입니다.	219
치매환자의 증가속도는 점점 더 빨라집니다.	220
치매환자의 84%는 75세 이상입니다.	220
중증치매는 15.5%에 불과하고 경도와 중등도가 크게 증가하고 있습니다.	221
치매환자의 치료는 경도와 중등도, 외래 이용이 가장 많습니다.	222
환자와 가족이 함께 앓는 슬프고 두려운 질병입니다.	223
1인당 연간 관리비용은 2,300만원으로 연간 가구 평균소득 6,029만원의 38.1%입니다.	224

Epilogue

보장설계 프로세스를 한 눈에, Consulting Map	226

맛있고 풍성한 보장설계를 위한 Consulting Tip	228
보장설계시 이것만은 꼭 챙겨야 할 Consulting Point	232

Intro

누구나 쉽게 따라할 수 있는 보장설계 레시피

요즘에는 요리를 못하는 사람이 많지 않습니다.
예전 부엌에 요리책이 있었다면, 요즘에는 스마트폰이나 태블릿PC에서 친근한 백종원 님의 입담 좋은 설명을 들으며 어렵지 않게 그럴듯한 식사를 뚝딱 준비합니다.

"보장설계도 이렇게 누구나 쉽게 따라 할 수 있도록 만들 수 없을까?"

이런 엉뚱한 아이디어에 연구와 고민이 더해져 '보장설계 레시피'가 만들어지게 되었습니다. 레시피의 장점은 초보자도 쉽게 도전해 볼 수 있고, 원래 요리 실력이 있는 분들은 더욱 완성도 있는 요리를 만들 수 있도록 도와주는 것입니다.

2023년 사망자 중 92.1%는 질병으로 사망했습니다. 그럼에도 불구하고 고객에게 보장설계를 이야기하면 대부분 반응이 시큰둥합니다. 왜냐하면 자신은 질병에 걸리지 않고, 아직 젊고 건강하다고 생각하기 때문입니다.

최소한 아프고, 최악의 경우 사망을 이야기해야 하는 보장 설계를 어떻게 하면 자연스럽게 이야기할 수 있을까? 이러한 고민을 해결하기 위해 질병별로 식상하지 않고 신선하게 접근할 수 있는 어프로치 화법을 제공합니다.

들을 때는 알 것 같은데, 막상 고객과 상담할 때 활용하려고 하면 쉽지 않은 것이 현실입니다. 이러한 부분을 해결하기 위해 질병별로 스토리텔링 방식의 화법을 제공하여 누구나 쉽게 따라 할 수 있도록 구성하였습니다. 또 질병별 스토리텔링의 흐름을 한눈에 볼 수 있고 Self Role Playing을 할 수 있도록 컨설팅 MAP으로 정리하였습니다.

전문적이고 어려운 의료지식을 공부하는 것이 쉽지 않고, 자칫 잘못 알고 있거나 다르게 설명하는 것에 대한 부담을 가지는 분들이 많습니다. 이러한 부분을 해결하기 위해 객관적 근거와 출처가 명확한 공신력 있는 최신 통계를 기반으로 컨텐츠를 구성하였고, 보장설계 시 필요한 기본지식과 고객의 눈높이에 맞는 설명 방법을 함께 수록하였습니다.

건강에 대한 관심이 높아지면서 TV, 유튜브, 블로그, 신문 등 질병에 관한 정보가 넘쳐나고 있습니다. 조금만 관심을 가지면 다양한 정보를 얼마든지 얻을 수 있는 시대에 고객에게 무엇을 이야기하는가 보다는 어떻게 이야기하는가가 더 중요해지고 있습니다. 고객에게 효과적으로 설명하고 최적의 보장설계를 제공하는 데 작은 도움이 되기를 기대합니다.

Ingredients	요리에 반드시 필요한 식재료처럼 보장설계를 위해 알아야 할 기본적인 내용과 의료지식 제공	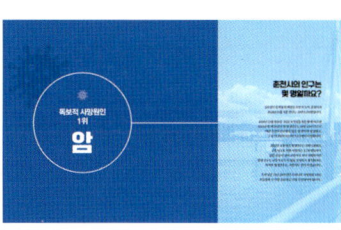
Approach Speech	각 질병에 대한 보장설계를 식상하지 않고 신선하게 시작할 수 있는 어프로치 화법 제공	
Story Telling	요리하는 순서와 방법처럼 각 질병을 효과적으로 설명할 수 있는 자료와 화법 제공	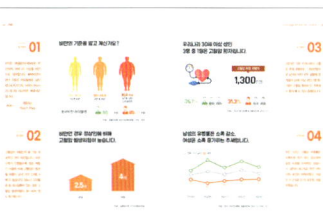
Consulting Map	각 질병별 스토리텔링을 한눈에 볼 수 있고, 스스로 연습해 볼 수 있는 핵심요약 흐름 제공	
Consulting TIP	카테고리별로 관련 제도, 자주 하는 질문 등 실전 활용도를 높이기 위한 부가적인 내용 제공	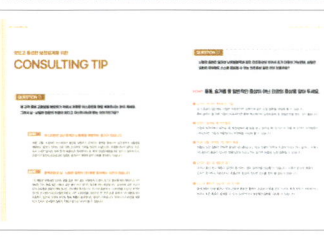
Consulting Point	카테고리별로 보장설계 시 반드시 체크하고 강조해야 할 컨설팅 포인트 제시	

사망원인 중 독보적 1위
암

춘천시의 인구는
몇 명일까요?

김유정 작가의 단편소설 「동백꽃」의 배경인 춘천시의
2024년 11월 기준 인구는 28만 6,110명입니다.

2024년 12월 발표된 '2022 국가암등록통계'에 따르면
2022년 한 해 동안 암 발생건수는 28만 2,047건으로
춘천시 인구와 비슷합니다. 즉, 매년 춘천시 인구만큼
많은 암 환자가 발생하고, 불행히도
1년에 8만 5,271명 정도가 암으로 사망합니다.

2022년 교통사고 발생건수는 19만 6,836건,
교통사고로 인한 사망자는 2,735명입니다.
많은 분들이 암이 교통사고 보다 위험하지만
발생 건수는 교통사고가 더 많을 것이라고 생각합니다.
하지만 발생건수도, 사망자도 암이 더 많습니다.

특히 암은 지난 20여 년간 우리나라 사망원인 1위를 기록하고 있는
질병인 만큼 보장설계 시 가장 중요하고 가장 우선되어야 합니다.

암 보장설계를 위한 기본 재료
INGREDIENTS

1 · 암이란 무엇인가?
2 · 암의 병기는 어떻게 결정될까?
3 · 암 치료방법 ❶ 수술
4 · 암 치료방법 ❷ 항암치료
5 · 암 치료방법 ❸ 방사선치료
6 · 암보장이 왜 중요할까?

1. 암이란 무엇인가?

암은 종양(Tumor)입니다. 종양은 세포가 자율성을 지니고 불가역성으로 과잉증식하는 것으로 흔히 혹이라고 합니다. 돌연변이 세포가 이상 증식하는 악성종양을 암이라고 하고, 정상세포가 이상 증식하는 근종, 선종, 지방종, 섬유종 등을 양성종양이라고 합니다. 또 악성인지 양성인지 판단하기 곤란한 상태를 경계성 종양이라고 합니다. 특정 부위에 고정적인 형태로 형성된 암을 고형암, 고정적인 형태가 없는 암을 비고형암으로 분류하며, 백혈병, 림프종, 골수암 등이 대표적인 비고형암입니다.

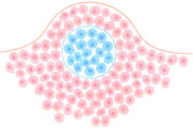
양성종양

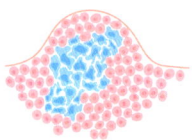
악성종양

2. 암의 병기는 어떻게 결정될까?

암의 병기는 종양, 림프절, 전이 등 세가지 요소를 고려하여 병기를 결정하는 'TNM 분류법'에 따라 결정하는 것이 일반적이며, 국제적으로도 통용되는 분류방법입니다.

종양(Tumor)

종양의 크기와 주변 세포들을 얼마나 침윤, 즉 파고들어서 단단히 뿌리를 내렸는지에 따라 T1에서 T4까지 구분합니다. 암세포가 장기의 제일 바깥 세포층인 상피세포층에만 자리잡은 상태를 암 0기 또는 '**상피내암**', '**제자리암**'이라고 하며 소액암으로 보장하는 것이 일반적입니다.

TNM 병기		분류 기준 (위암의 경우)
T병기	T0	종양의 증거가 없음
	T1	종양이 위 벽의 점막층 혹은 점막하층까지 침범한 경우
	T2	종양이 근육층 또는 장막하층까지 침범한 경우
	T3	종양이 장막하층까지 침범하였으나 주위 장기의 침범이 없는 경우
	T4	종양이 장막층을 뚫고 나가 비장, 횡행결장, 간, 횡경막, 췌장, 복벽, 부신, 신장, 소장, 후복막 등 주위 장기를 침범한 경우

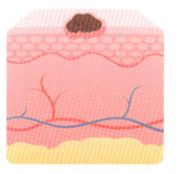 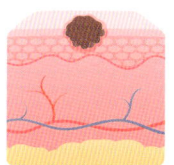 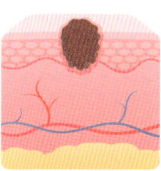  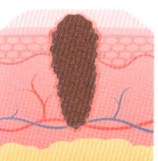

Stage1　　Stage2　　Stage3　　Stage4　　Stage5

림프절(Node)

우리 몸의 면역기관인 림프절로의 침윤 정도에 따라 N0부터 N3까지 구분합니다. 림프절로 전이되면 암세포가 림프절과 이어지는 림프관을 타고 다른 장기로 이동할 수 있기 때문에 주의 깊게 살펴야 합니다.

TNM 병기		분류 기준
N병기	N0	림프절 전이가 없음
	N1	1개에서 2개까지 림프절 전이가 있는 경우
	N2	3개에서 6개까지 림프절 전이가 있는 경우
	N3a	7개에서 15개까지 림프절 전이가 있는 경우
	N3b	16개 이상 림프절 전이가 있는 경우

전이(Metastasis)

암세포가 다른 장기로 전이되었는지 여부에 따라 M0부터 M1으로 구분합니다. 전이가 되면 전이되지 않았을 때보다 훨씬 치료가 어렵고 예후가 좋지 않을 가능성이 높다고 할 수 있습니다.

TNM 병기		분류 기준
M병기	M0	원격전이 없음
	M1	원격전이 있음

요약 병기

- 국한(Localized) : 암이 발생한 장기를 벗어나지 않음
- 국소(Regional) : 암이 발생한 장기 외 주위 장기, 인접 조직 또는 림프절을 침범
- 원격전이(Distant) : 암이 발생한 장기에서 멀리 떨어진 다른 부위에 전이

3. 암 치료방법 ❶ 수술

치료방법의 트렌드 변화

의학기술의 발달로 암을 비롯한 모든 질병 치료의 트렌드는 생존을 넘어 삶의 질을 향상시키는 방향으로 변화하고 있습니다. 특히 부작용과 후유증을 최소화하려는 무독성, 환자에게 최적화된 맞춤형, 필요한 조직에 대한 정밀타격, 새로운 기술과 고가의 장비 도입으로 인한 고가성으로 압축할 수 있습니다. 이들의 첫 글자를 조합하면 강한 부정의 뜻을 나타내는 'NOPE'이 되는데, 기존의 보장준비로는 충분하지 않다는 의미로 사용할 수 있습니다.

암의 대표적인 치료방법은 크게 3가지로 구분할 수 있습니다. 첫 번째는 수술입니다. 암조직과 주변 조직을 직접 제거하는 효과적인 방법으로, 종양의 크기가 작고 전이가 없는 경우 좋은 성과를 기대할 수 있습니다. 두 번째는 항암치료입니다. 항암제를 복약하거나 주사를 통해 투여함으로써 암세포의 증식을 억제하고, 사멸시키는 방법입니다. 세 번째는 방사선치료입니다. 병소에 방사선을 조사하여 몸에 상처를 내지 않고 절제 수술과 동일하게 암 조직을 공격하는 방법입니다.

암의 치료에도 신기술과 새로운 장비가 지속적으로 도입됨으로써 건강보험이 적용되지 않는 비급여 치료가 많아져 환자와 가족의 경제적 부담이 커지고 있습니다. 따라서 암 보장설계시 이러한 부분을 고려하여 꼼꼼하게 대비하여야 하고, 이미 암보장을 대비하고 있는 경우에도 추가가입이나 리모델링 등을 통해 새로운 치료방법을 충분히 보장받을 수 있도록 보완할 필요가 있습니다.

암의 수술치료

수술은 암의 치료방법 중 가장 효과적이고 직접적인 방법입니다. 크게 피를 보며 수술한다는 의미의 관혈수술, 내시경이나 카테터 등을 이용한 비관혈수술, 로봇수술로 구분할 수 있고, 최근에는 '**최소 침습**'을 선호하는 경향이 있어 로봇수술의 비중이 커지고 있는 추세입니다.

- **관혈수술** : 정교한 절개와 봉합이 가능하고 통증과 출혈이 많으며 긴 회복기간 필요
- **비관혈수술** : 침습이 작아 출혈과 흉터가 작고 회복이 빠르지만 높은 조작 숙련도가 요구됨
- **로봇수술** : 두 방식의 장점을 취합하고 단점을 보완한 가장 발달된 수술 치료 방법

다빈치(Da Vinci) 로봇수술의 특징

- 최소 침습으로 흉터와 출혈이 작고 상대적으로 회복속도 빠름
- 20배 확대 현미경, 관절 있는 로봇팔, 10㎛ 이하의 미세 작동, 손떨림 방지기능으로 초정밀 수술 가능
- 의사의 촉각을 사용할 수 없고, 경험과 숙련도를 요하는 것이 한계
- 대당 30~40억원, 회당 1,000만원 이상의 고가 수술비용이 단점

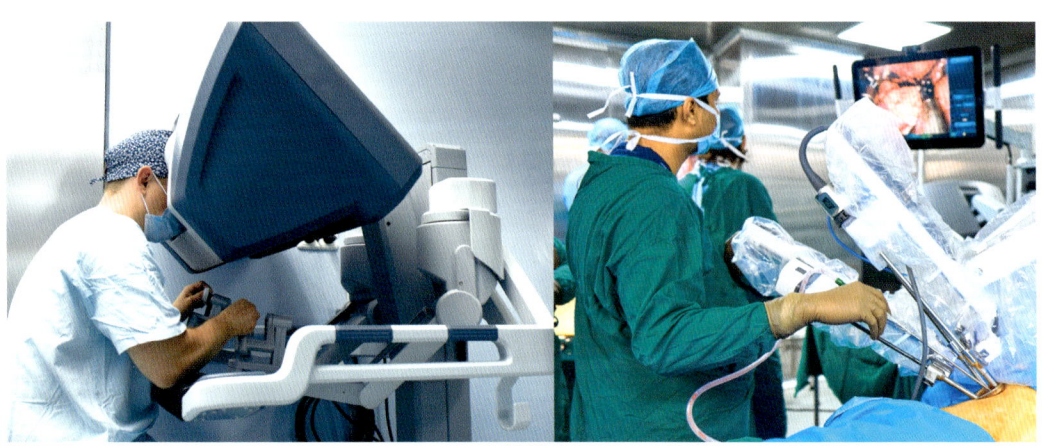

4. 암 치료방법 ❷ 항암치료

항암치료는 수술이나 방사선치료와 달리 국소적인 치료가 아니라 전신에 작용하는 치료이기 때문에 건강한 세포에도 작용하여 다양한 부작용이 발생될 수 있습니다. 따라서 부작용을 줄이면서도 효과를 높이기 위한 지속적인 연구로 항암치료 역시 진화되고 있습니다.

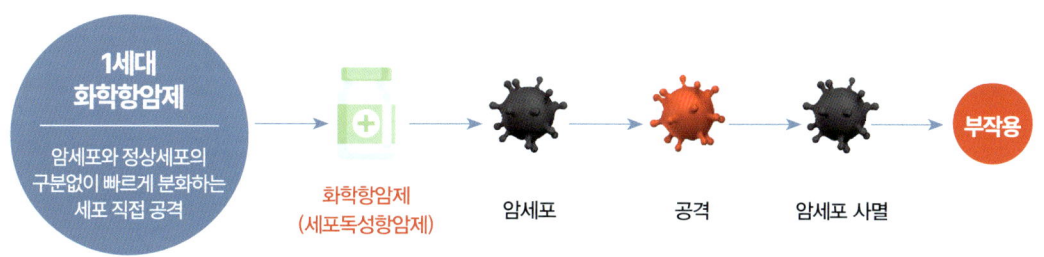

특징	• 1943년에 개발된 가장 오래된 항암치료법으로 현재도 가장 광범위하게 사용 • 치료 후 암세포는 사멸되지만, 정상세포는 다시 회복되는 원리 이용
장점	• 강력한 공격성으로 치료 효과가 좋으며, 대부분의 암종과 환자에 적용 가능 • 대부분 국민건강보험의 적용 대상으로 치료비용 부담이 상대적으로 적음
단점	• 암세포 외에 빠르게 분열하는 혈구세포, 점막세포, 생식세포 등을 동시에 공격하여 손상 야기 • 메스꺼움, 구토, 구내염, 탈모, 손·발톱 변화, 백혈구 감소 등 다양한 부작용 발생 가능

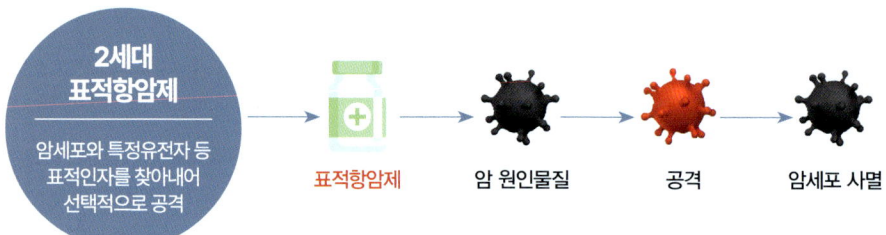

특징	• 경구복용하는 소분자 표적항암제와 정맥주사하는 단클론항체 표적항암제로 구분 • 암세포의 신호전달 경로와 영양을 공급하는 신경혈관을 억제하여 암을 굶겨 죽이는 원리
장점	• 암세포에 존재하는 표적인자를 찾아내어 선택적으로 공격하고, 유전자 변이 분석을 통해 환자별 맞춤형 치료를 진행하기 때문에 부작용이 상대적으로 적음
단점	• 표적인자가 없는 환자가 있을 수 있고, 표적인자의 역할에 따라 효과에 큰 차이 발생 • 치료비 부담이 크고, 시간이 지나면 내성이 생겨 장기적인 치료 곤란

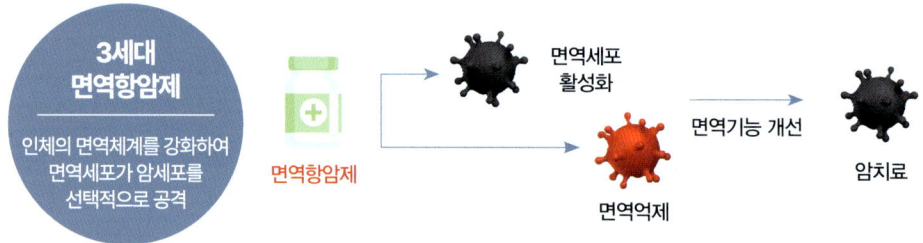

특징	• 암세포가 PD-1, CTLA-4, PD-L1등의 면역 체크포인트 단백질과 결합하여 면역세포의 공격을 회피하는 것을 억제해, 면역세포의 공격력을 강화하는 원리
장점	• 면역체계를 통해 치료하기 때문에, 기존 항암치료에 따른 부작용이 상대적으로 적음 • 부작용이 적어서 건강이 좋지 않거나 고령의 환자에게도 적용 가능
단점	• 고가로 치료비 부담이 크고, 환자의 20~30%에서만 효과가 나타나는 낮은 반응성 • 일부 환자에서 급성진행현상, 과잉면역반응으로 정상 세포를 공격하는 부작용 발생 가능

CAR-T Cell Therapy
(Chimeric Antigen Receptor T)

암 환자의 면역세포인 T세포를 추출한 다음, 항체의 바이러스 벡터를 이용하여 암세포 특이적 키메릭 수용체를 발현하여 배양한 후, 다시 환자에게 재주입하여 효과적으로 암세포를 공격하도록 하는 새로운 치료기법입니다.

- 치료제로 노바티스 킴리아가 주로 사용되고, 세포결합 및 배양은 대부분 미국에서 주로 진행되는데, 2022년 4월 서울대병원에서 국내 생산, 배양, 치료에 첫 성공
- 건강보험심사평가원 보험상한가 360,039,359원으로 면역항암치료 중 가장 고가
- 고형암이 아닌 혈액암에만 효과를 보이는 것이 한계

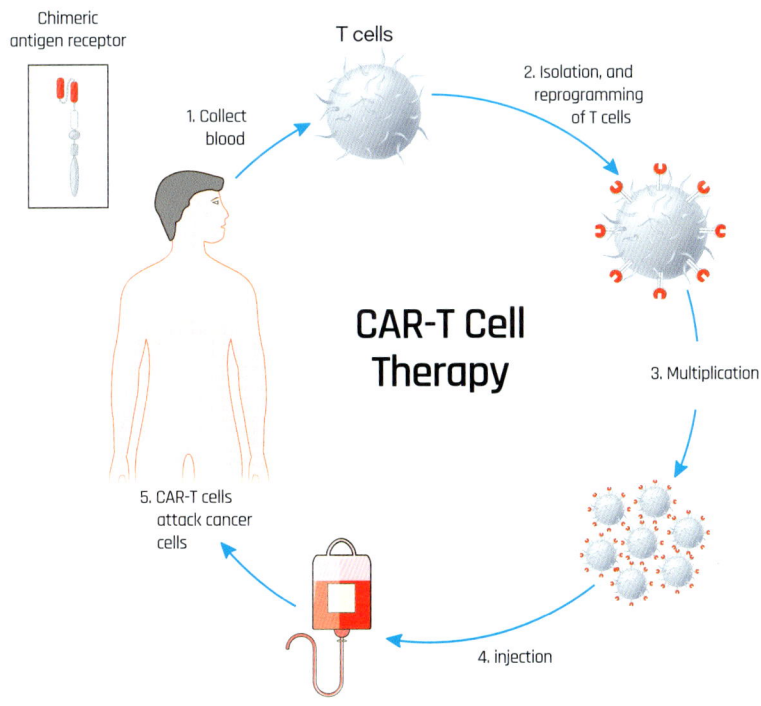

대표적인 표적항암제 및 면역항암제 치료 비용

구분	항암치료제명	급여 상한가	치료 대상 암종
표적항암제	캐싸일라주 160mg	2,919,642원	유방암
	아바스틴주 0.4g/16mL	707,272원	대장암, 유방암, 자궁경부암
	얼비툭스주 5mg/mL	203,400원	대장암, 두경부암
	사이람자주 0.5g/50mL	1,509,846원	위암, 대장암, 간암, 폐암
	타그리소정 80mg	190,123원	폐암
	스티바가정 40mg	28,110원	간암, 대장암
면역항암제	키트루다주 0.1g/4mL	2,103,620원	식도암, 자궁경부암, 유방암, 간암, 담도암, 위암, 두경부암, 흑색종, 폐암
	옵디보주 240mg	2,534,904원	식도암, 흑색종, 폐암
	여보이주 200mg/40mL	14,006,513원	흑색종, 대장암
	임핀지주 0.5g/10mL	3,050,975원	폐암, 담도암, 간암
	바벤시오주 0.2g/10mL	854,864원	방광암, 피부암

(자료 : 건강보험심사평가원 의약품통합정보, 약학정보원, 2024.12월 조회 기준)

※ 항암제별로 '허가적응증'과 '급여적응증'이 동일하지 않을 수 있어, 환자가 부담하는 비용은 의료진의 확인이 필요함
- '허가적응증'(식품의약품안전처) : 약물의 사용 가능 여부를 정한 것
- '급여적응증'(건강보험심사평가원 암질환심의위원회) : 건강보험에서 비용을 지원해주는 범위

- 급여(5% 환자 부담) : 식약처의 허가, 급여 약제로 지정, 상당한 임상효과가 검증된 경우
- 선별급여(30~90% 환자 부담) : 치료·비용 효과성이 불확실한 경우 환자가 치료비의 일부를 부담하도록 하되 주기적으로 적합성 평가를 하는 경우
- 비급여(100% 환자 부담) : 허가를 받았지만 급여로 지정되지 않은 경우, 급여로 지정되었더라도 2차 치료제의 1차 사용, 임상효과가 검증되지 않은 사용 등의 경우
- 최근에는 병용치료 요법이 많아지는 추세여서 환자의 경제적 부담도 증가

5. 암 치료방법 ❸ 방사선치료

방사선 치료는 전자기 방사선인 X선, 감마선 등을 암세포에 조사하여 직·간접적인 작용으로 암세포를 죽이는 치료로, 암세포 뿐만 아니라 정상 세포의 손상이 불가피하여 다양한 후유증과 부작용이 발생할 수 있습니다.

방사선 치료 방법

정상 조직의 손상을 최소화하면서 암세포에 대해서만 선택적으로 치료효과를 높이기 위한 방사선 치료

- **3차원 입체조형 방사선 치료** 전산화 단층촬영(CT), 자기공명영상(MRI) 등을 활용하여 종양 부위의 위치와 방향을 입체적으로 재구성하여 종양 부위에만 방사선을 조사하는 3차원 치료
- **정위적 방사선 수술** 최첨단 선형가속기를 이용하여 정위적(입체적)으로 매우 정확하게 파괴하는 안전하고 비침습적인 치료방법으로, 감마나이프, 사이버나이프 수술이 대표적
- **세기조절 방사선 치료(IMRT)** 방사선 조사 범위를 수백 개의 조각으로 나누어 개별적으로 선량을 조사하는 최첨단 치료방법으로 3차원 입체조형 치료보다 더욱 정밀하고 부작용 최소화
- **토모치료(Tomotherapy)** CT를 결합하여 종양의 위치와 크기 등을 실시간으로 확인할 수 있고, 정교하게 계산된 5만개 이상의 방사선 조각을 360도 회전하면서 치료

특수한 방사선 치료

전자기 방사선이 아닌 양성자와 중입자 등의 입자 방사선을 활용한 치료로, 입자를 가속하여 조사할 때 나타나는 '브래그 피크'라는 물리적 특성을 암 방사선 치료에 활용

- **양성자 치료** 수소 원자핵을 가속하여 얻은 분리된 양성자 이용
- **중입자 치료** 수소입자 보다 12배 무거운 탄소입자를 가속시켜 암세포만을 조준하여 파괴

감마 나이프 방사선 수술

- 머리 주위에 201개의 방사선원을 반구형으로 배치하여 각각 다른 방향에서 감마선을 조사하고 반구 중심에서 교차하도록 하여 정상조직의 손상을 최소화
- 뇌종양, 뇌혈관 질환 수술에 주로 활용되며, 3cm 이하의 병변에 한정하여 치료 가능
- 고정프레임을 사용하기 위하여 나사나 핀을 머리에 삽입해야 하는 것이 단점

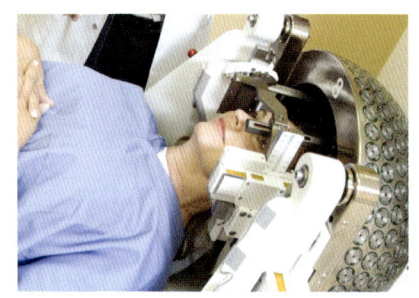

사이버 나이프 방사선 수술

- 움직이지 않는 고정틀에 의해서 방사선을 조사하던 기존 치료와 달리 움직이는 로봇팔에 의해 1,248개 방향에서 원하는 신체부위로 조사하여 치료
- 뇌종양 뿐만 아니라 폐암, 췌장암, 전립선암, 간암 등에 적용 가능
- 움직이는 장기내 종양의 추적이 불완전하고, 6cm 이하의 종양에서만 치료 가능

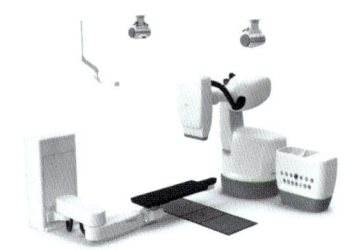

양성자 치료

- 양성자 빔이 멈추기 직전까지 방사선을 거의 방출하지 않고, 멈출 때 대부분을 방사하는 '브래그 피크'로 정상세포 손상 최소화
- 암 공격 후 에너지 소멸로 표적조사 뒤 정상 세포 손상 없음
- 작고 특정한 부위에만 원하는 방식으로 집중 조사해 정밀한 타격이 가능하고, 에너지를 다양하게 조절 가능
- 전자 방사선에 비해 5배 이상 높은 치료 효과 기대 가능

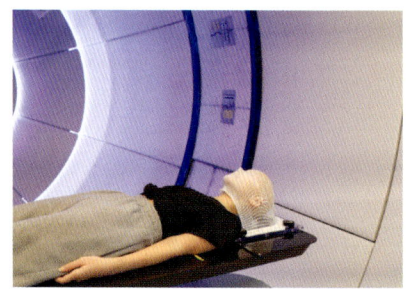

| 양성자 방사선 치료에 사용되는 입자를 가속하는 장비 |

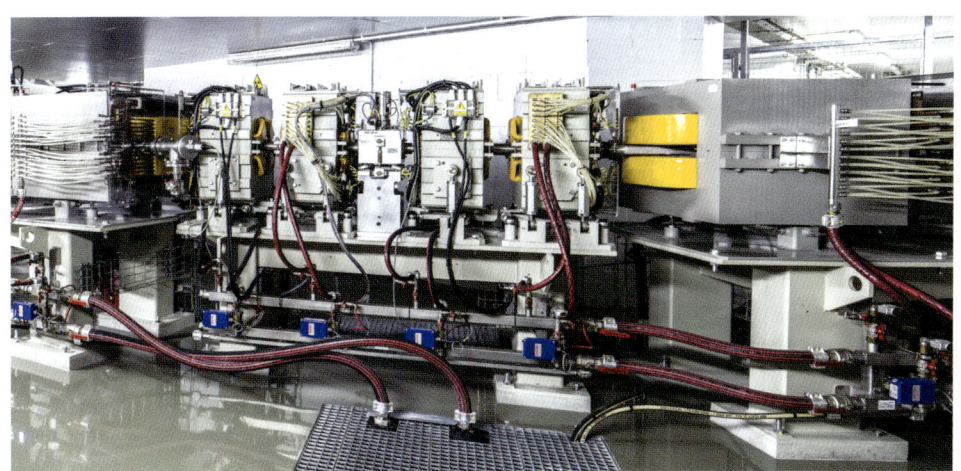

중입자 치료

- 입자의 무게만큼 효과가 커 조사 횟수 및 치료기간을 절반 수준으로 단축 가능
- 투과 후 일부 정상세포 손상 가능

| 양성자와 중입자의 브래그 피크 |

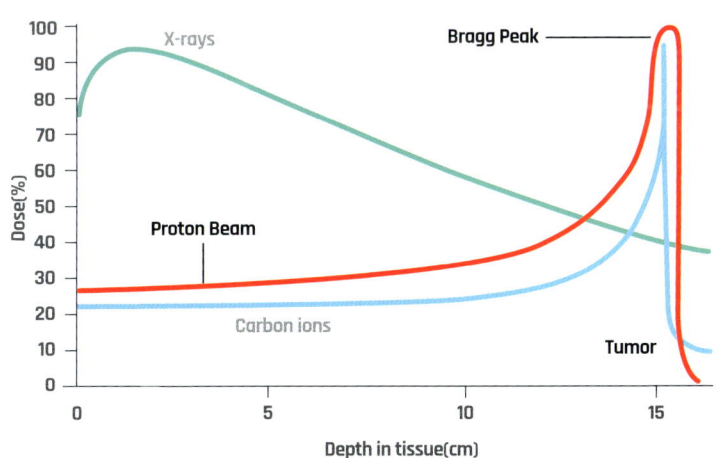

6. 암보장이 왜 중요할까?

남녀 구분없이 압도적 사망원인 1위

악성신생물(암)은 지난 20여 년간 우리나라 사망원인 중 1위입니다. 2023년 암 사망자는 85,271명으로 전체 사망자의 24.2%를 차지하며, 사망원인 2위인 심장질환 대비 암 사망자의 비율은 남성이 약 3.2배, 여성은 약 2.0배로 압도적으로 높습니다.

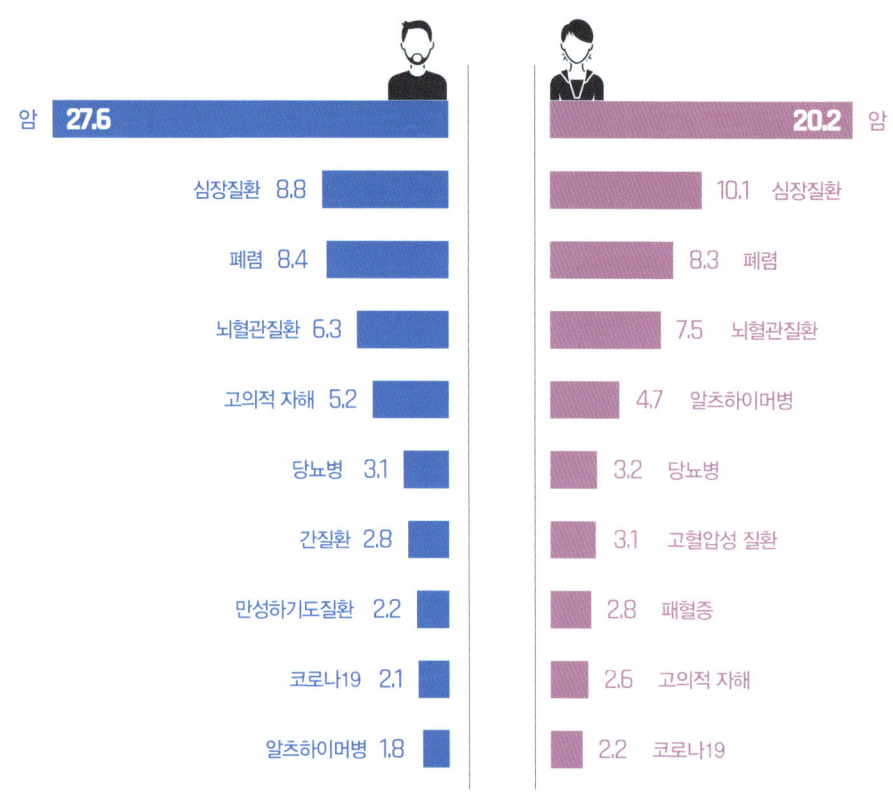

(자료 : 성별·사망원인별 사망자 비중, 2023 사망원인통계 결과, 통계청, 2024.10 / 단위 : %)

기대수명까지 생존할 경우 5명 중 2명은 암

만약 기대수명까지 생존할 경우 암에 걸릴 확률은 38.1%로 5명 중 2명입니다. 남성은 37.7%로 5명 중 2명, 여성은 34.8%로 3명 중 1명은 암에 걸립니다. 암은 피할 수 없는 질병이고 누구에게나 닥칠 수 있는 일이므로 암으로부터 자유로울 수 없습니다.

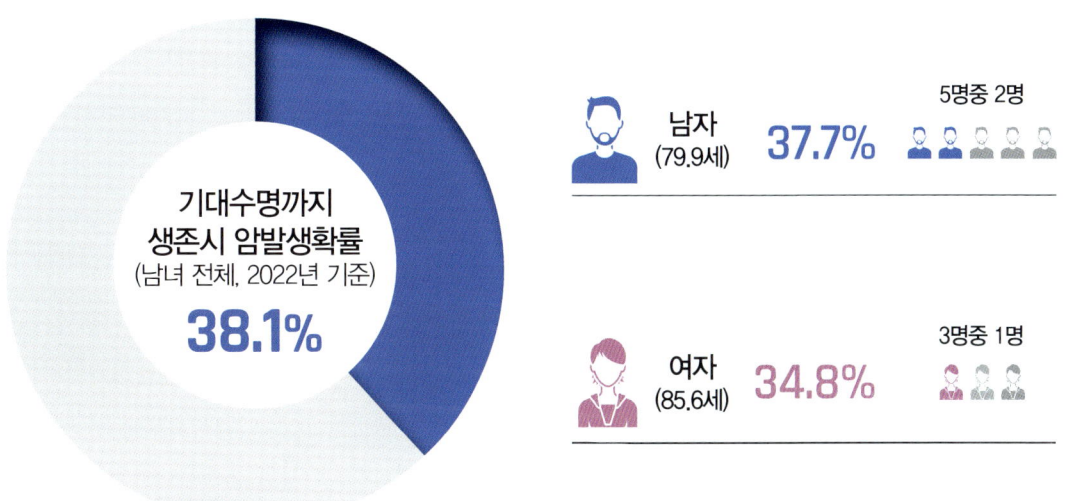

(자료 : 2022년 국가암등록통계, 중앙암등록본부, 2024.12)

2022 기대수명 82.7세    79.9세    85.6세

※ 기대수명은 국가암등록통계 발표기준년인 2022년 기준으로 작성   (자료 : 2022년 생명표, 통계청, 2023.12)

암 발생률 : 2022년 가장 많이 발생한 암은 갑상선암

2022년 암 발생자 수는 28만 2,047명입니다. 가장 많이 발생한 암은 3만 3,914명으로 전체의 12.0%를 차지한 갑상선암입니다. 4위였던 위암이 5위로 한 단계 내려가고, 최근 급격히 증가하고 있는 유방암이 4위로 올라섰습니다. 남성은 폐암, 전립선암, 대장암, 위암, 간암, 여성은 유방암, 갑상선암, 대장암, 폐암, 위암 순으로 나타났습니다.

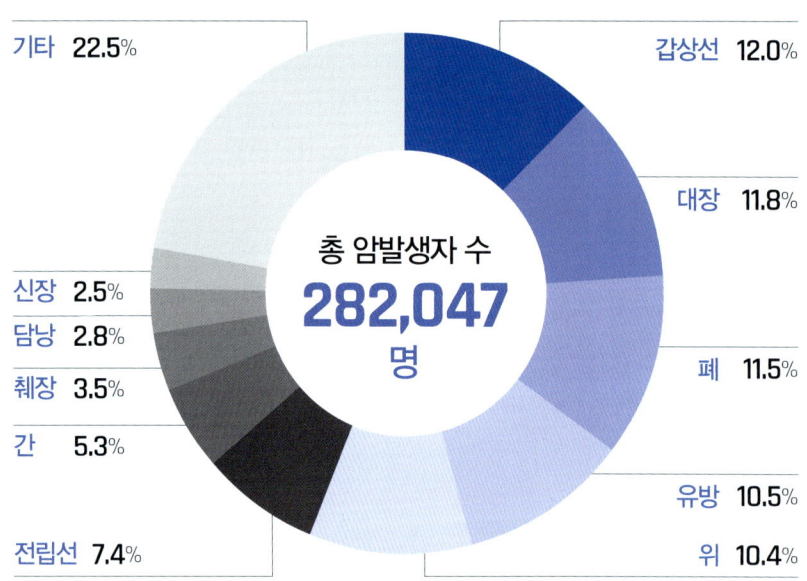

순위	1	2	3	4	5	6	7	8	9	10
2021년	갑상선	대장	폐	위	유방	전립선	간	췌장	담낭	신장
2022년	갑상선	대장	폐	유방	위	전립선	간	췌장	담낭	신장

(자료 : 2022년 국가암등록통계, 중앙암등록본부, 2024.12)

암 사망률 : 2023년 사망률이 가장 높은 암은 폐암

2023년 암 사망자 수는 8만 5,271명입니다. 가장 사망률이 높은 암은 1만 8,646명으로 전체의 21.9%를 차지한 폐암입니다. 성별 암 사망 순위는 남성은 폐암, 간암, 대장암, 위암, 췌장암, 여성은 폐암, 대장암, 췌장암, 유방암, 간암 순으로 나타났습니다. 연령별로는 30대는 위암과 백혈병, 40대는 유방암, 50대는 간암, 60세 이상은 폐암의 사망률이 높았습니다.

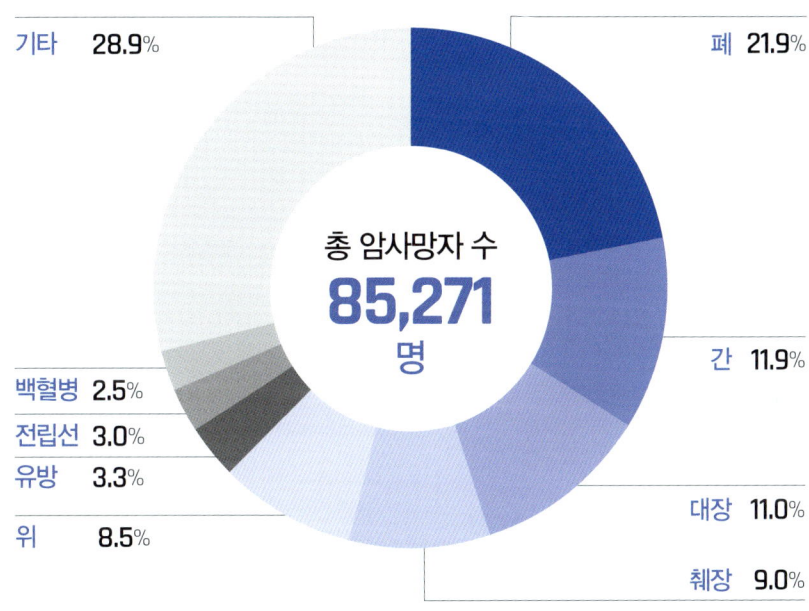

총 암사망자 수 **85,271** 명

- 기타 28.9%
- 폐 21.9%
- 간 11.9%
- 대장 11.0%
- 췌장 9.0%
- 위 8.5%
- 유방 3.3%
- 전립선 3.0%
- 백혈병 2.5%

남성	폐 (26.3%)	간 (14.1%)	대장 (10.1%)	위 (9.1%)	췌장 (7.6%)	전립선 (5.0%)	식도 (2.7%)	백혈병 (2.4%)	뇌 (1.6%)	기타 (21.1%)
여성	폐 (15.0%)	대장 (12.3%)	췌장 (11.2%)	유방 (8.6%)	간 (8.3%)	위 (7.5%)	백혈병 (2.7%)	자궁경부 (2.5%)	뇌 (2.2%)	기타 (29.7%)

(자료 : 2023년 사망원인통계 결과, 통계청, 2024.10)

발생률이 높은 암과 사망률이 높은 암 중 무엇이 더 위험할까요?

투자 의사결정시 위험과 수익을 함께 측정할 수 있는 위험조정계수를 사용하듯, 암의 발생률과 사망률을 곱한 것을 위험률로 가정하여 평가할 수 있습니다. 남성은 폐암, 대장암, 위암, 간암, 여성은 유방암, 대장암, 폐암, 위암 순으로 위험률이 높습니다. 보장설계시 성별 위험률을 고려할 필요가 있습니다.

구분		전체	폐암	전립선암	대장암	위암	간암
발생자		147,468	21,646	20,754	19,633	19,562	10,974
	%		14.7	14.1	13.3	13.3	7.4
사망자		52,182	13,698	2,594	5,265	4,745	7,381
	%		26.3	5.0	10.1	9.1	14.1
위험률			386.6	70.5	134.3	121.0	104.3

구분		전체	유방암	갑상선암	대장암	폐암	위암
발생자		134,579	29,391	25,338	13,525	10,667	9,925
	%		21.8	18.8	10.0	7.9	7.4
사망자		33,089	2,832	33	4,083	4,948	2,484
	%		8.6	0.1	12.3	15.0	7.5
위험률			187.5	1.9	123.0	118.5	55.5

※ 위험률 = 발생률 × 사망률, 임의로 가정한 지표이며 공식적으로 사용되는 지표는 아닙니다.
※ 갑상선암 사망자는 별도 통계가 없어 학회 발표 사망률 0.1% 적용

(자료 : 2022년 국가암등록통계, 중앙암등록본부, 2024.12 / 2023년 사망원인통계 결과, 통계청, 2024.10 / 단위 : 명, %)

5년 상대생존율이 평균 대비 절반 수준인 폐암

최근 5년간(2018~2022년) 모든 암의 5년 상대생존율은 72.9%로 2017~2021년 72.1%에 비해 0.8% 증가하였습니다. 갑상선암(100.1%), 전립선암(96.4%), 유방암(94.3%) 등은 생존율이 높은 암, 위암(78.4%), 대장암(74.6%) 등은 평균적인 암, 폐암(40.6%), 간암(39.4%) 등은 생존율이 낮은 암으로 구분할 수 있습니다.

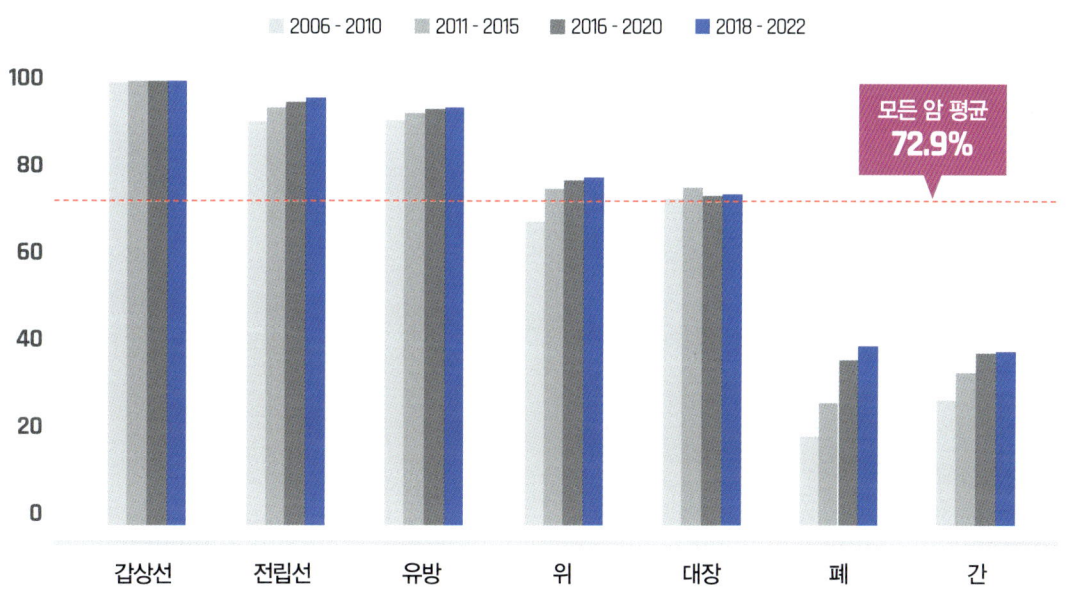

(자료 : 2022 국가암등록통계, 중앙암등록본부, 2024.12 / 단위 : %)

* 갑상선암의 2018~2022년 생존율이 100.1%로 100%를 넘는 이유

암의 생존율은 암 발생자와 성별, 연령 등이 동일한 일반인의 5년 기대생존율과 비교한 상대생존율입니다. 즉 상대생존율이 100%라는 것은 일반인의 생존율과 동일하다는 것입니다. 갑상선암의 생존율이 100.1%로 100%를 초과하였다면 비교군인 일반인의 생존율 보다 높았음을 의미하는 것입니다.

암보장설계 ❶

폐암
Lung Cancer

사망률이 가장 높은 암

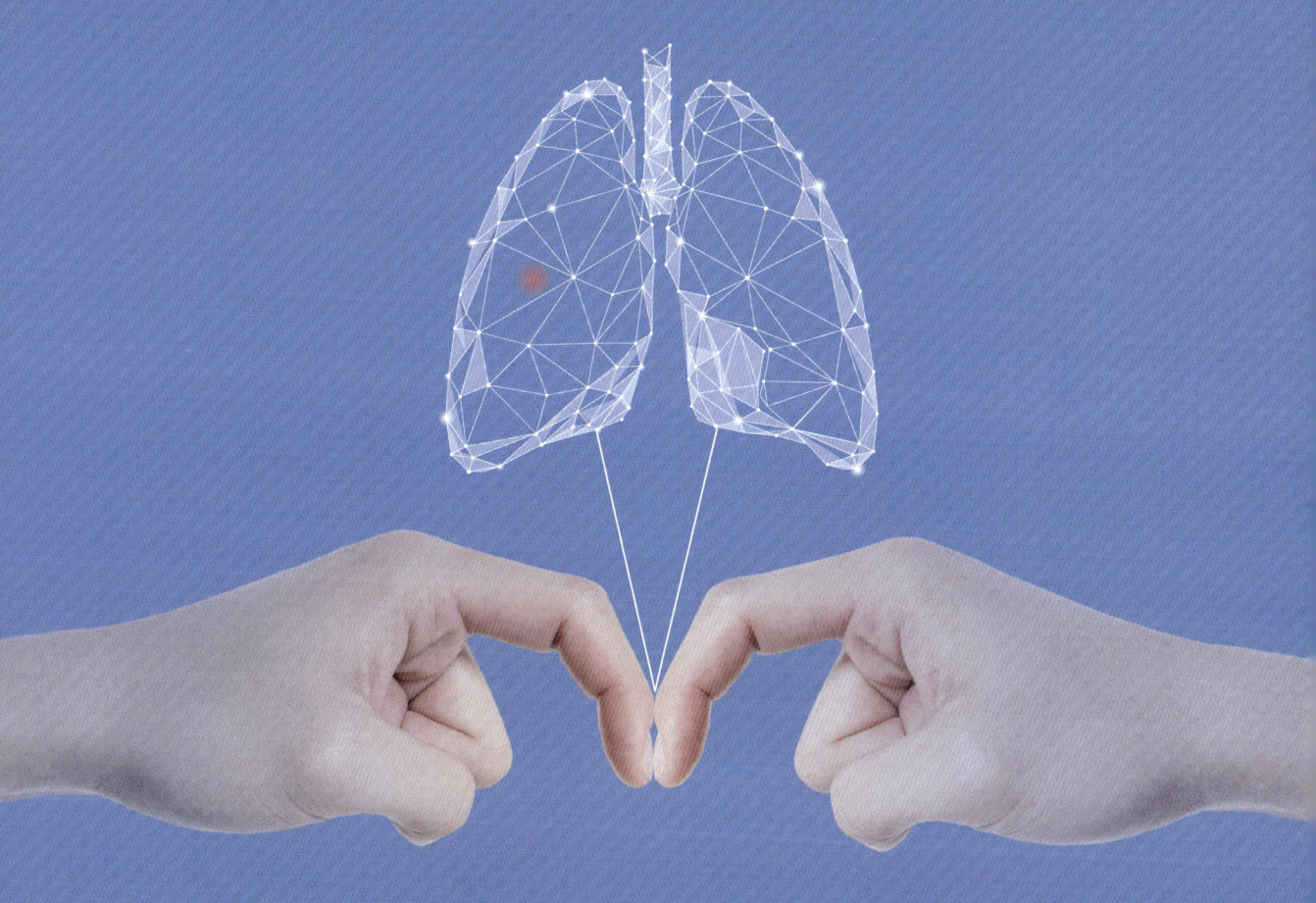

핑거클러빙을
아시나요?

STEP 01

핑거클러빙을 아시나요?

핑거클러빙(Finger Clubbing)은 손가락 끝이 곤봉모양으로 뭉툭해지는 현상입니다.

검지 손톱을 서로 맞대면 정상인은 손톱 사이에 다이아몬드 모양의 틈이 생깁니다. 반면, 핑거클러빙이 나타나는 사람은 손가락이 벌어져 틈이 생기지 않습니다. 영국 암연구소는 악성 종양이 손가락에 액체가 쌓이는 호르몬을 생성하기 때문이라고 추정하고 있습니다. 특히 폐암 환자의 35%에서 핑거클러빙 현상이 나타나고 있어서 폐암의 자가진단법으로 알려져 있습니다.

핑거클러빙을 활용하면 폐암에 대한 이야기를 보다 자연스럽게 시작할 수 있습니다.

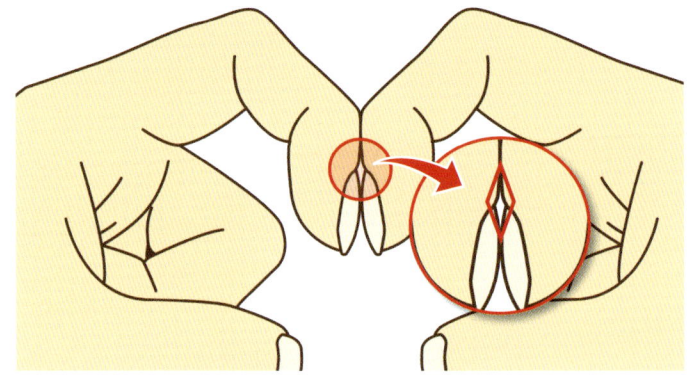

| 정상인의 손톱 사이의 다이아몬드 모양 |

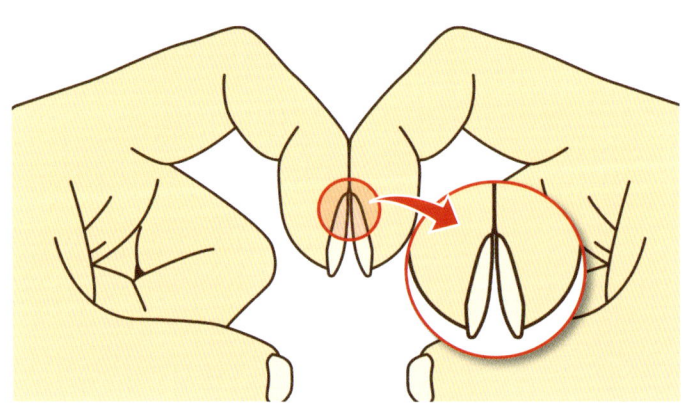

| 폐암 환자의 손톱 |

폐암은 사망률이 가장 높은 암입니다.

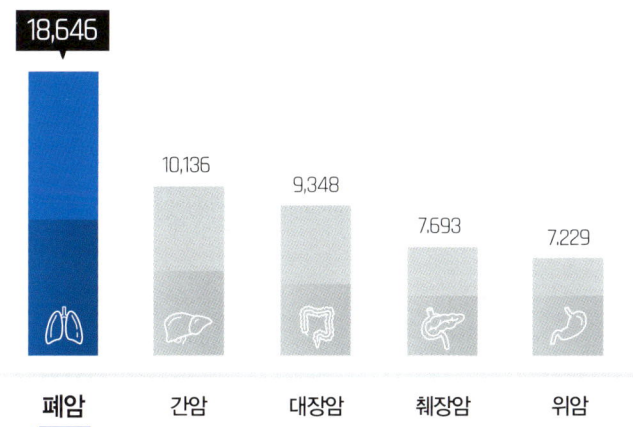

(자료 : 2023년 사망원인통계 결과, 통계청, 2024.10 / 단위 : 명)

STEP 02

많은 분들이 췌장암이나 담낭암을 위험하다고 생각하지만 실제 암종별 사망률 1위의 암은 폐암입니다. 2023년 우리나라 암 사망자 중 폐암 사망자는 18,646명으로 2위 간암 10,136명의 약 2배에 달합니다. 2위에서 5위간의 격차가 크지 않은 반면 폐암은 압도적 1위입니다.

매 28분마다 1명씩 폐암으로 사망합니다.

STEP 03

폐암으로 연 18,646명이 사망하는 것이 얼마나 많은 것인지 체감하기 어렵습니다.
18,646명을 365일로 나누면 하루 51.1명, 다시 24시간으로 나누면 매 28분마다 1명씩 폐암으로 사망한다는 것을 알 수 있습니다. 폐암의 사망률은 왜 이렇게 높은 것일까요?

STEP 04

폐암의 사망률이 높은 이유는 특별한 병적인 증상이 없기 때문입니다.

발병 부위나 크기, 전이 여부 등에 따라 다른 증상이 나타나기도 하지만, 폐암의 가장 대표적인 증상은 기침, 흉통, 호흡곤란으로 특별한 병적인 증상이 없습니다. 그러다 보니 폐암 환자의 5~15%는 아무런 증상을 느끼지 못하는 무증상 상태에서 진단을 받습니다.

기침 객혈 흉통 호흡곤란

STEP 05

특별한 병적인 증상이 없으면 병원을 가지 않는 것이 문제입니다.

증상이 없으면 병원에 가지 않기 때문에, 최초 진단시점에 60.5%가 3~4기일 정도로 암의 병기가 깊습니다. 주로 초기에 발견되어 생존율이 높은 위암, 유방암과 대조적입니다. 그렇다면 폐암의 생존율은 다른 암에 비해 얼마나 낮을까요?

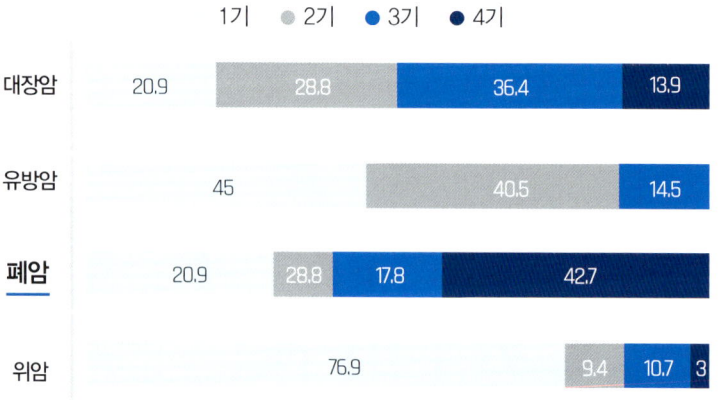

1기 2기 3기 4기

	1기	2기	3기	4기
대장암	20.9	28.8	36.4	13.9
유방암	45	40.5	14.5	
폐암	20.9	28.8	17.8	42.7
위암	76.9	9.4	10.7	3

(자료 : 암종별 진단시기 건강보험심사평가원 / 단위 : %)

폐암의 생존율은 전체 암 평균의 약 절반 수준으로 낮습니다.

STEP 06

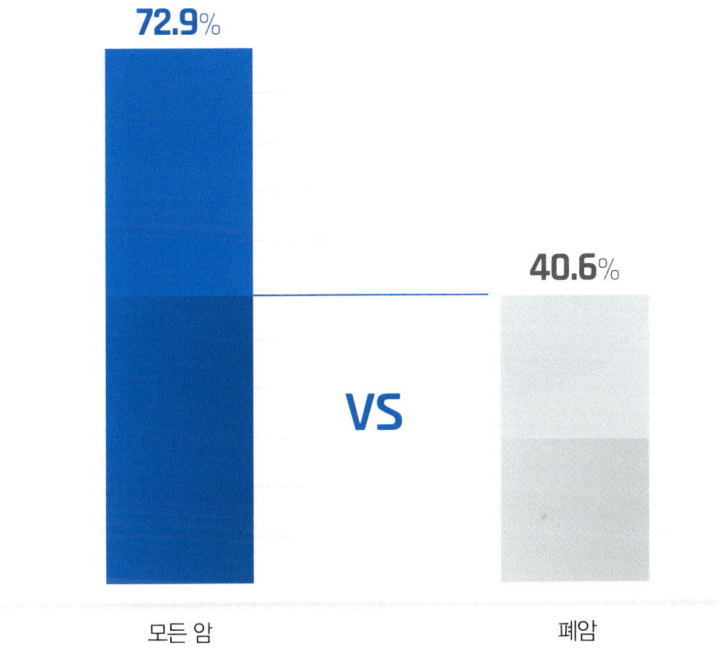

최근 5년간(2018~2022) 모든 암의 5년 상대생존율은 72.9%입니다. 폐암은 40.6%로 모든 암의 약 56% 수준이고, 남자 33.7%, 여자 54.8%로 남자의 생존율이 더 낮습니다.

간암 39.4%와 담낭 및 기타 담도암 29.4%, 췌장암 16.5%로 폐암보다 생존율이 낮지만, 발병률과 사망자 수 등을 감안하면 폐암이 사망률 1위의 암입니다.

그렇다면 폐암이 발생하는 가장 큰 원인은 무엇일까요?

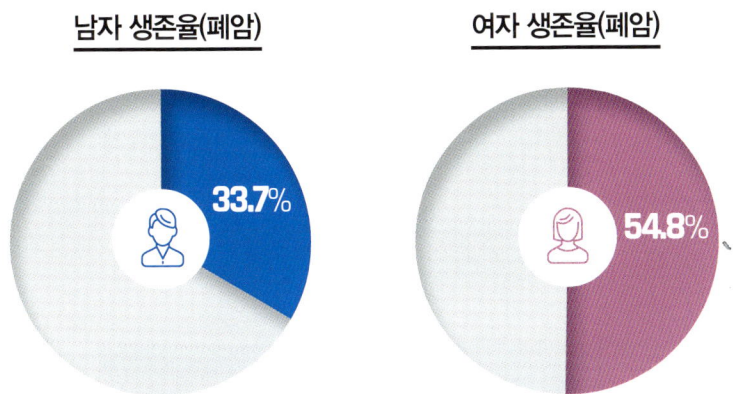

(자료 : 2022 국가암등록통계, 중앙암등록본부, 2024.12)

STEP 07

폐암의 원인 중 약 70%는 흡연입니다.

많은 분들의 예상대로, 폐암의 주된 원인은 흡연입니다. 흡연자의 폐암 발생 위험은 비흡연자에 비해 11배 이상 높고, 흡연을 일찍 시작할수록, 흡연 양이 많을수록, 흡연기간이 길수록 위험이 증가한다고 보고되고 있습니다.
하지만 비흡연자라고 해서 방심 해서는 안됩니다.

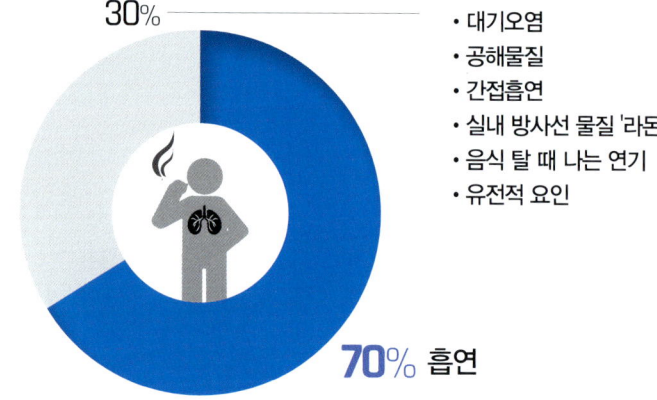

- 대기오염
- 공해물질
- 간접흡연
- 실내 방사선 물질 '라돈'
- 음식 탈 때 나는 연기
- 유전적 요인

70% 흡연

(자료 : 대한폐암학회)

STEP 08

폐암 환자 3명 중 1명 이상이 비흡연자입니다.

폐암 환자 중 비흡연자 비율은 1997년 23.5%, 2005년 28.9%, 2013년 37.9%로 지속적으로 증가하고 있습니다.
정기적으로 발표하는 통계가 아니어서 최근 비흡연자의 비율은 알 수 없지만, 과거 추세로 보아 최근에는 40%를 넘을 것으로 추정할 수 있습니다.

- 1997년 23.5%
- 2005년 28.9%
- 2013년 37.9%

(자료 : 2014~2017년 한국 중앙암등록본부 폐암병기조사, (한국인 비흡연인폐암, 3판) 대한폐암협회, 2024.11)

여성 폐암 환자는 지속적으로 증가하고 있습니다.

(자료 : 2022 국가암등록통계, 중앙암등록본부, 2024.12 / 단위 : 명)

STEP 09

2000년 3,599명이었던 여성폐암 환자는 지속적으로 증가하여 2022년 10,667명으로 약 3배 수준으로 늘었습니다. 최근들어 여성의 흡연률이 높아져서 그런 것 아니냐고 반문하시는 분들도 계신데, 과연 그럴까요?

여성 폐암 환자 중 비흡연자의 비율이 무려 94.4%입니다.

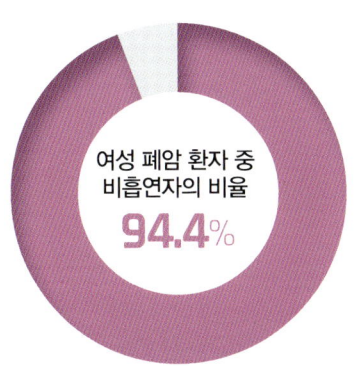

'PM10에 장기간 노출되면 폐암 위험 증가, 코호트 분석'

- 분석 대상인원 583만 1,039명
  - 남자 320만 8,125명
  - 여자 262만 2,914명
- 관찰기간 2007년 ~ 2015년 (7년)
- 폐암 발생 인원 36,225명(0.6%)
- 폐암 환자의 흡연 여부 조사

(자료 : 대한암학회, 'Cancer Research and Treatment', 2022.01)

STEP 10

서울대학교 이현우 교수팀이 2005년부터 2007년까지 3년 동안 국민건강검진을 받은 20~65세 583만 1,039명을 대상으로 2015년까지 추적 관찰한 결과, 분석 기간 중 발병한 여성 폐암 환자 중 94.4%는 비흡연자였습니다. 여성도 방심할 수 없는 이유입니다.

STEP 11

여성 폐암 환자도 기침, 흉통, 호흡곤란 등 이외에 특별한 증상이 없고, 병원에 가지 않기 때문에 초기에 발견하기 어렵습니다. 그래서 여성 폐암 환자 중 42.0%는 이미 원격전이가 진행된 4기에 발견되고, 사망률이 높습니다.

여성 폐암 환자 42.0%는 4기에 발견됩니다.

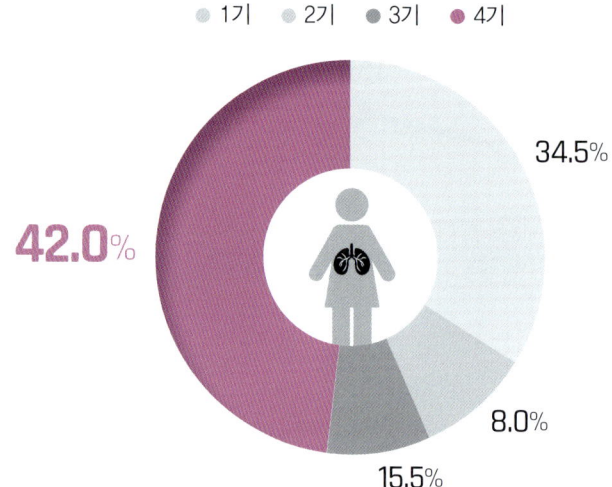

● 1기　● 2기　● 3기　● 4기

42.0%
34.5%
8.0%
15.5%

(자료 : 2019 비흡연 여성 폐암 캠페인, 대한폐암학회, 2019.10)

Epilogue

담배, 오늘 끊지 않으면 내일은 없습니다

보장설계 프로세스를 한 눈에
CONSULTING MAP

01 핑거클러빙을 아시나요?
폐암의 자가진단법, 영국 암연구소 추정, 폐암 환자의 35%에서 핑거클러빙 발견

02 사망률이 가장 높은 암
2023년 폐암 사망자 18,646명, 간암 1만여명, 대장암 9천여명의 2배 수준

08 폐암 환자 3명 중 1명 이상이 비흡연자
폐암 환자 중 비흡자의 비율은 지속적으로 증가 추세이며, 약 40% 이상으로 추정

07 폐암의 원인 중 70%는 흡연
폐암의 원인은 대기오염, 공해물질 등 다양하지만 가장 대표적인 원인은 흡연

09 여성 폐암 환자 지속적 증가
2022년 여성 폐암 환자는 10,667명으로 2000년에 비해 약 3배 증가

10 여성 폐암 환자 중 94.4%는 비흡연자
여성 폐암 환자 중 94.4%는 비흡연자로 여성도, 비흡연자도 방심은 금물

03 매 28분마다 1명씩 사망
폐암의 연간 사망자를 시간으로 환산하면 매 28분마다 1명씩 폐암으로 사망

04 사망률이 높은 이유는 증상이 없기 때문
폐암의 대표적인 증상은 기침, 흉통, 호흡곤란으로 특별한 증상이 없는 것이 특징

06 폐암의 생존율은 모든 암 평균의 절반 수준
폐암의 5년 상대 생존율은 40.6%로 모든 암 평균 72.9%의 절반 수준

05 증상이 없기 때문에 병원에 가지 않는 것이 문제
폐암 환자 42.7%는 4기, 17.8%는 3기에 발견되기 때문에 다른 암에 비해 낮은 생존율

11 여성 폐암 환자 42.0%는 4기에 발견
여성 폐암 환자 역시 증상이 없고, 병원에 가지 않아서 42.0%는 4기에 발견

EPILOGUE
담배, 오늘 끊지 않으면 내일은 없습니다.

암보장설계 ❷

위암
Stomach Cancer
한국인의 암

어떤 한식을
가장 좋아하세요?

STEP 01

어떤 한식을 가장 좋아 하세요?

한국갤럽의 설문조사에 따르면 한국인이 가장 좋아하는 음식 1위가 김치찌개입니다. 순위에 든 음식들의 가장 큰 특징은 맵고 짜고 자극적인 음식으로 나트륨 함유량이 매우 높다는 것입니다.

나트륨을 다량으로 섭취하거나 헬리코박터 파일로리균에 감염될 경우 위 점막을 자극하여 위염을 일으킬 수 있습니다. 위 점막을 위축시키는 위염은 위암의 발생확률을 높이는 가장 큰 요인 중 하나 입니다. 때문에 위암을 "한국인의 암"이라고 부릅니다.

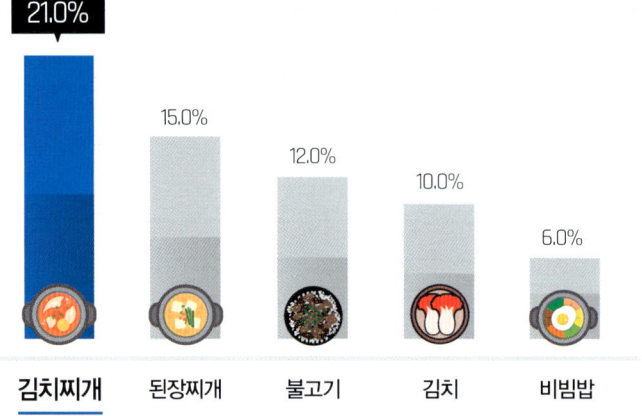

김치찌개 21.0% / 된장찌개 15.0% / 불고기 12.0% / 김치 10.0% / 비빔밥 6.0%

잡채, 삼겹살, 갈비, 떡볶이 등

(자료 : 전국 만 13세 이상 남녀 1,700명 설문조사, 한국갤럽)

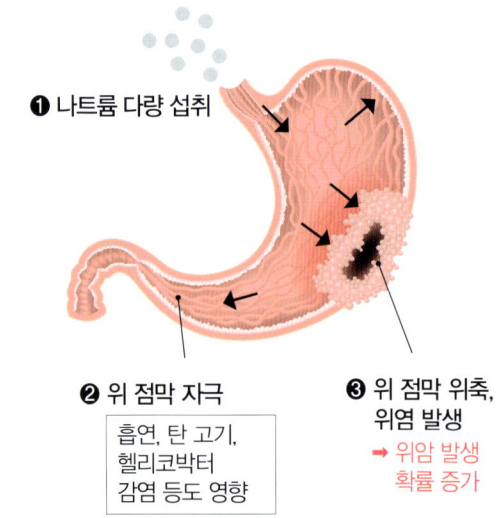

❶ 나트륨 다량 섭취

❷ 위 점막 자극
흡연, 탄 고기, 헬리코박터 감염 등도 영향

❸ 위 점막 위축, 위염 발생
➜ 위암 발생 확률 증가

만성위축성위염은
위암의 원인이 됩니다.

STEP 02

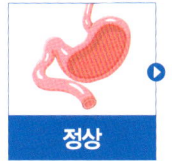

정상	만성위축성위염	장상피화생	위암
자극적인 음식, 흡연, 헬리코박터 파일로리균 등으로 인해 위염 발생	위 점막이 만성적 염증으로 인해 얇아지고 위축된 상태	위 점막의 세포들이 파괴되고 장의 점막과 유사한 세포로 바뀌는 상태	위 세포가 정상적이지 않은 이형성이 점차 고도화되면서 위암 발생

위점막이 위축되는 만성위축성위염이 오래 지속되면, 위 점막의 정상적인 구조물들이 파괴되어 장의 점막과 유사한 형태로 바뀝니다. 장상피화생(腸上皮化生)을 동반한 위축성위염 환자의 위암 발생률은 정상인보다 높습니다.

만성위축성위염 환자가
급격히 증가하고 있습니다.

STEP 03

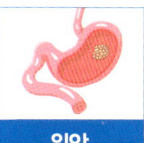

- 2018년: 177,972
- 2019년: 207,437
- 2020년: 212,420
- 2021년: 262,527
- 2022년: 294,500
- 2023년: 312,055

(자료 : 보건의료빅데이터개방시스템, 질병 세분류(4단 상병)통계 / 단위 : 명)

위암 예비단계라고 할 수 있는 만성위축성위염 환자는 지속적인 증가추세를 나타내고 있습니다. 2018년 17만 8천여명 수준에서 2023년 31만 2천여명으로 1.8배 가량 늘었고, 2018년 이후 가파르게 증가하고 있습니다.

STEP 04

위암은 갑상선암을 제외하고 유병자가 가장 많은 암입니다.

2022년 위암의 발생자 수는 29,487명으로 갑상선암, 대장암, 폐암, 유방암에 이어 5위이고, 정체 추세를 보이고 있습니다. 하지만 위암을 앓고 있는 환자는 35만 6천여명으로 갑상선암을 제외하고 가장 많아, 우리나라 사람이 가장 많이 앓는 암입니다.

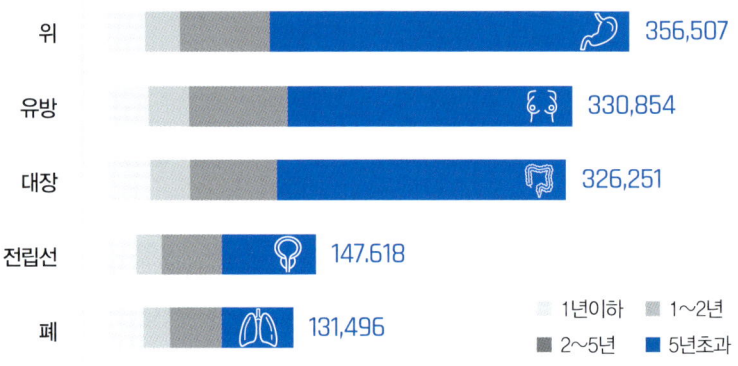

(자료 : 2022 국가암등록통계, 중앙암등록본부, 2024.12 / 단위 : 명)

STEP 05

한국 남자라면 40세 전에 대비해야 합니다.

위암의 성별·연령별 환자 수는 40대 이전까지는 큰 차이가 없습니다. 하지만 40대 이후 남자 환자가 크게 증가하여 60대에는 여성에 비해 약 2.5배나 많습니다. 한국 남자라면 40세 전에 위암에 대한 대비를 해야 합니다.

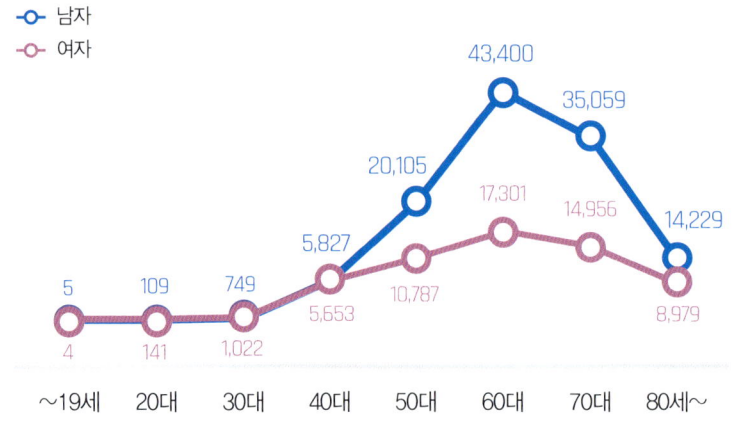

(자료 : 보건의료빅데이터개방시스템, 국민관심질병통계, 2023년 기준 / 단위 : 명)

젊은 층과 여성에게 많은 청년암, 미만형 위암

STEP 06

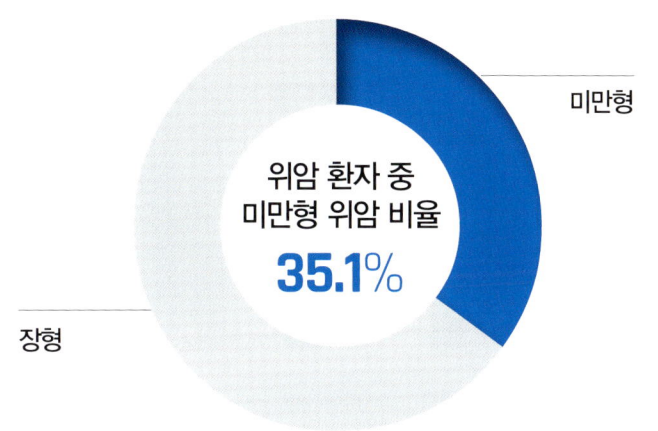

위암 환자 중 미만형 위암 비율 **35.1%**

미만형 / 장형

(자료 : 분당서울대병원, 2019 / 2013~2018년 기준)

하지만 여성과 젊은 층도 방심할 수 없습니다. 위암 환자의 35.1%는 치명률이 높은 미만형 위암이기 때문입니다.

미만형 위암은 세포 속으로 파고들어 발견이 어렵고 상대적으로 진행속도가 빠르고 전이가 잘 되는 위험한 암입니다. 또한 젊은 층과 여성에게 많이 발생해 2030세대를 위협하는 암이기도 합니다.

젊은 연예인들의 안타까운 사망 원인으로도 잘 알려져 있는 미만형 위암에 대한 대비도 꼭 필요합니다.

미만형 위암(Borrmann type 4)

- 장시간 암덩어리가 만들어지는 장형 암과 달리 작은 암세포가 빠르고 넓게 퍼지는 암(보우만 4형 진행성 위암)
- 작은 암세포가 위벽으로 파고 들어 정상조직과 별다른 차이가 없기 때문에 내시경은 물론 조직검사에서도 놓치기 쉬워 발견이 어려움
- 증상이 없고 진행속도 빨라 3, 4기에 발견되는 경우 많음
- 공격성이 높아 혈관이나 다른 부위로의 전이 속도 빠름

장형 / 미만형

(자료 : MDPI, Are Borrmann's types of advanced gastric cancer distinct clinicopathological and molecular entities, 2021. 6. 4)

STEP 07

위암은 상대적으로 생존율이 높은 암입니다.

모든 암의 2018~2022년의 5년 상대생존율은 72.9%입니다. 위암은 78.4%로 생존율이 높은 암입니다. 국민건강보험의 건강검진 대상으로 조기에 발견되는 경우가 많고, 유병률이 높아 상대적으로 많은 연구가 진행되었기 때문이라 할 수 있습니다.

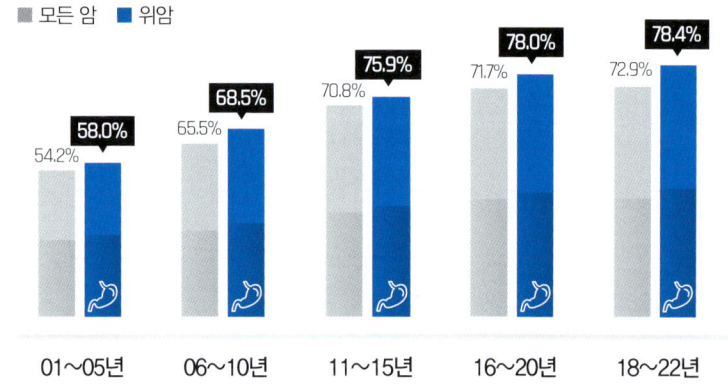

(자료 : 2022 국가암등록통계, 중앙암등록본부, 2024.12)

STEP 08

위암의 원격전이기 생존율은 7.5%에 불과합니다.

상대적으로 생존율이 높기 때문에 위암은 '쉬운 암'이라는 선입견을 가지고 계신 분들이 많습니다. 하지만 원격전이기에 발견된 경우 생존율은 7.5%에 불과합니다.
조기에 발견하고 치료하는 경우가 아니라면 위암도 역시 위험한 암입니다.

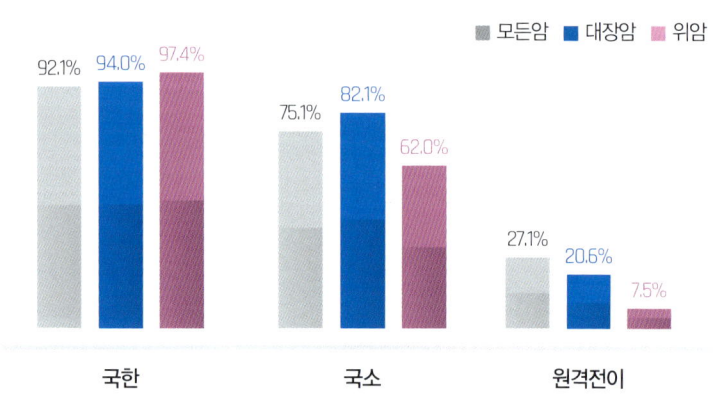

(자료 : 2022 국가암등록통계, 중앙암등록본부, 2024.12)

Epilogue

가벼운 속쓰림,
무심코 지나치시겠습니까?

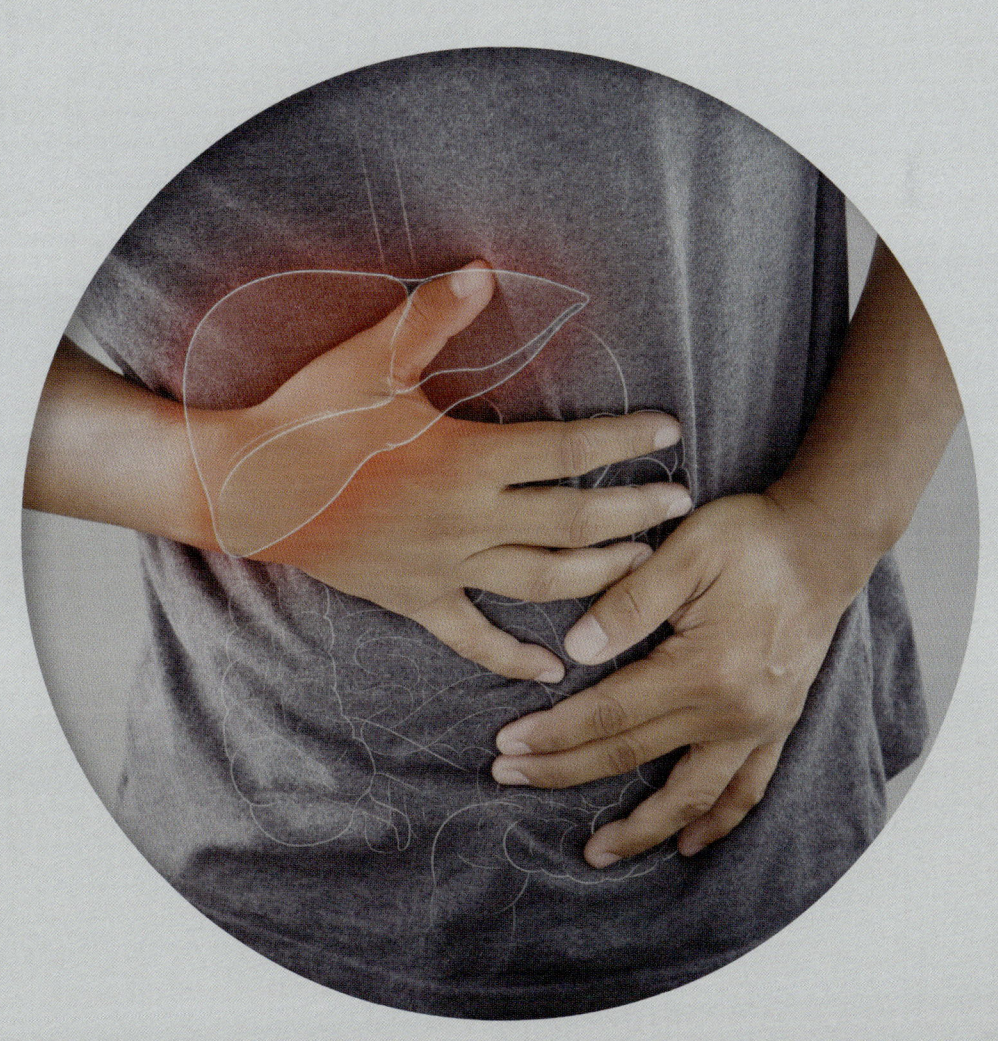

보장설계 프로세스를 한 눈에
CONSULTING MAP

01 김치찌개 좋아하시죠?
한국인이 좋아하는 음식 1위 김치찌개, 나트륨 함유량이 높은 음식은 위염 유발

02 위암의 시작, 만성위축성위염
만성위축성위염이 지속되면 장상피화생에 이어 위암으로 진행될 확률 증가

08 위암의 원격전이기 생존율 7.5%에 불과해
국소전이기 생존율 62.0%, 원격전이기 생존율 7.5%로 초기 발견시에만 쉬운 암

07 위암은 생존율 높은 암
위암의 5년 상대생존율은 78.4%로 모든 암의 평균 72.9% 보다 높은 '쉬운 암'

EPILOGUE
가벼운 속쓰림, 무심코 지나치시겠습니까?

03 급격히 증가하고 있는 예비 위암 환자

위암 예비단계인 만성위축성위염 환자 최근 5년새 1.8배 증가

04 위암은 갑상선암을 제외한 유병자가 가장 많은 암

2022년 위암 환자는 35만 6,507명으로 2위, 한국인이 가장 많이 걸리는 암

06 위암 환자 3명 중 1명은 청년암, 미만형 위암

위암 환자 중 35.1%는 젊은층과 여성에게 많은 청년암, 미만형 위암. 젊다고 방심 금물

05 한국 남자라면 40세 전에 위암에 대한 대비 필요

성별·연령별 위암 환자의 분포는 40세 이후 남자 환자 급격히 증가

암보장설계 ❸

대장암
Colorectal Cancer

경계해야 할 메달리스트

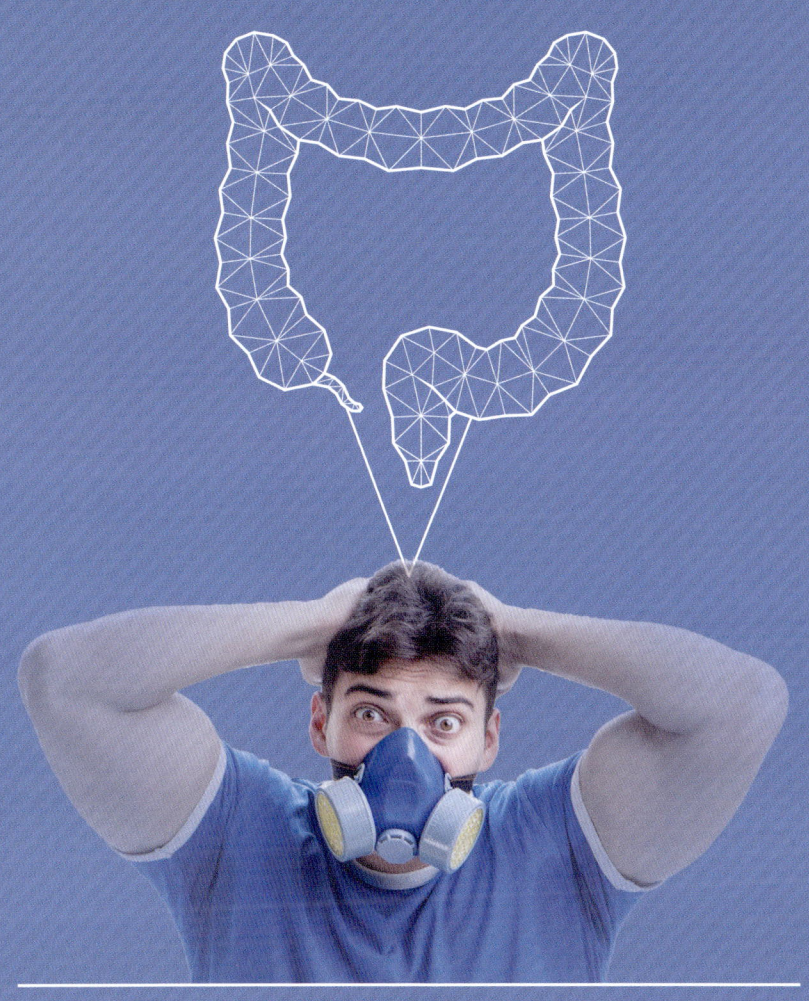

STEP 01

요즘 방귀 냄새 괜찮으세요?

방귀 냄새가 심하다고 대장암으로 단정지을 수는 없지만, 상당수의 대장암 환자에서 잦은 방귀, 지독한 냄새, 변비, 설사, 혈변 등의 증상이 나타납니다. 특히 갑작스럽게 방귀 냄새가 지독해졌다면 병원을 찾는 것을 권할 정도로 대장암의 전조 증상으로 알려져 있습니다.

> **"방귀 냄새 너무 심해서 아내랑 '각방' 썼는데 '대장암'에 걸렸답니다"**
>
> 대만 매체 'EBC'는 대만에 사는 50대 남성 A씨가 최근 병원을 찾았다가 대장암 진단을 받게 된 사연을 전했다. 그의 방귀 냄새는 특유의 음식물이 썩는 듯한 냄새에 비릿한 냄새까지 섞여 근처에 사람들이 못 다가올 정도였다. 게다가 방귀 냄새는 부부관계에도 심각한 영향을 미쳤다. A씨의 아내는 그의 방귀 냄새가 너무 지독하다는 이유로 각방을 쓰기 시작했고 자연히 서로 멀어지게 됐다. 그렇게 쓸쓸한 생활을 해오던 A씨는 최근에야 용기를 내 병원을 찾았다. 의사는 A씨에게 대장에 엄청난 크기의 암덩어리가 자라고 있어 항문을 막고 있다고 말했다. 이어 끔찍한 방귀 냄새도 대장암이 진행되면서 나타나는 현상이라고 설명했다. (중략)

(자료 : 인사이트, 2020.09)

STEP 02

대장암 환자의 방귀에는 정상인 보다 10배 이상 많은 메탄티올이 검출됩니다.

대장암 환자의 방귀 냄새가 지독한 이유는 정상인에 비해 10배 이상 많은 메탄티올을 함유하고 있기 때문입니다. 방귀 냄새는 중요한 대장암의 자가진단법입니다.

메탄티올
- 악취방지법에 악취 물질로 지정되어 있는 휘발성의 무색 가스
- 입 냄새, 음식물이 썩을 때 악취를 유발하는 황화합물

10X

(자료 : 일본나고야대 대학원 공학연구과)

대장암은 암종별 발생률 2위 입니다.

STEP 03

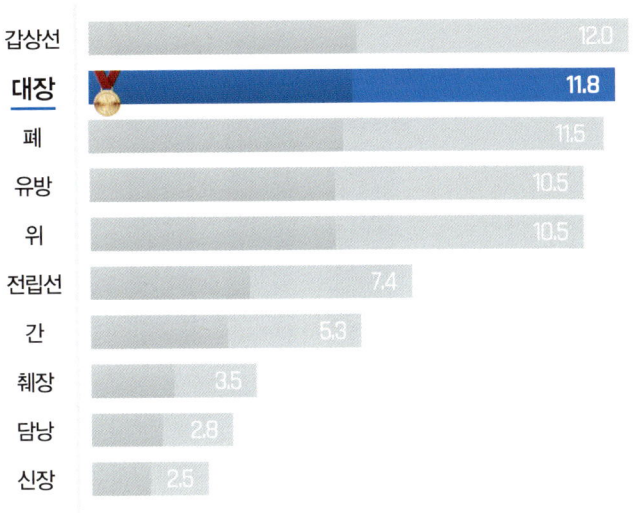

(자료 : 2022년 국가암등록통계, 중앙암등록본부, 2024.12 / 단위 : %)

2022년 암종별 발생자 수를 살펴보면 대장암은 2위입니다. 뿐만 아니라 2023년 암사망자 순위에서도 대장암은 3위입니다. 따라서 발생률도 사망률도 메달권 안에 들기 때문에 경계해야 할 암입니다.

대장암 환자는 꾸준히 증가하고 있습니다.

STEP 04

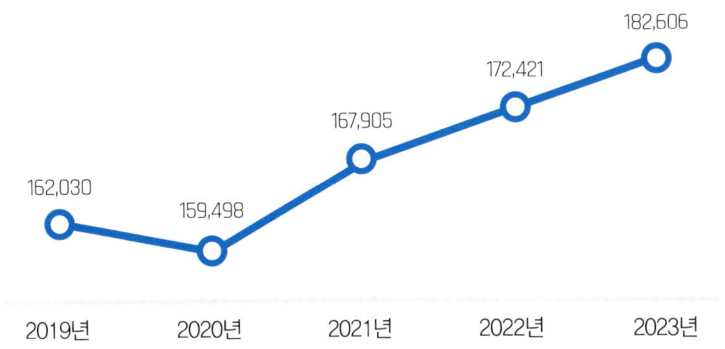

(자료 : 보건의료빅데이터개방시스템, 2023년 기준 / 단위 : 명)

발생률이 높은 만큼 대장암 환자는 꾸준히 증가하는 추세입니다. 5년 전인 2019년에 16만 2,030명이던 것에 비해 2023년 18만 2,606명으로 12.7% 증가했습니다.

STEP 05

대장암 환자 10명 중 9명은 50대 이상입니다.

대장암 환자의 88.7%는 50대 이상입니다. 특히 50~70대에 집중적으로 발생하기 때문에 중년 이후에 주의해야 하며, 여성에 비해 남성의 발생률이 높기 때문에 남성의 대비가 더 필요합니다.

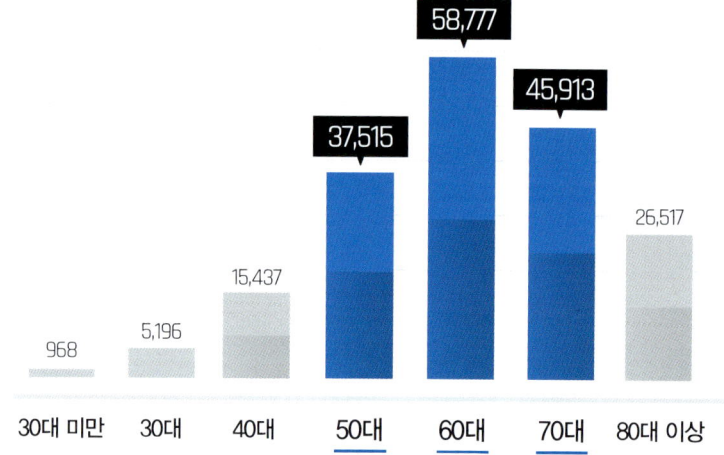

(자료 : 보건의료빅데이터개방시스템, 2023년 기준 / 단위 : 명)

STEP 06

연령에 따른 인당치료비의 차이는 거의 없습니다.

일부 암의 경우 특정 연령대의 경제적 부담이 가중되는 반면, 대장암의 인당 평균치료비는 연령과 상관관계가 거의 없습니다. 대부분의 연령에서 연간 약 400~500만원 정도가 소요됩니다.

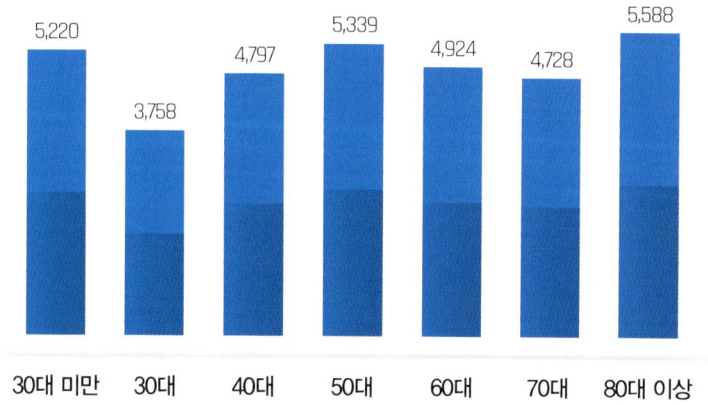

(자료 : 보건의료빅데이터개방시스템, 2023년 기준 / 단위 : 천원)

대장암은 암종별 사망자 수 3위 입니다.

STEP 07

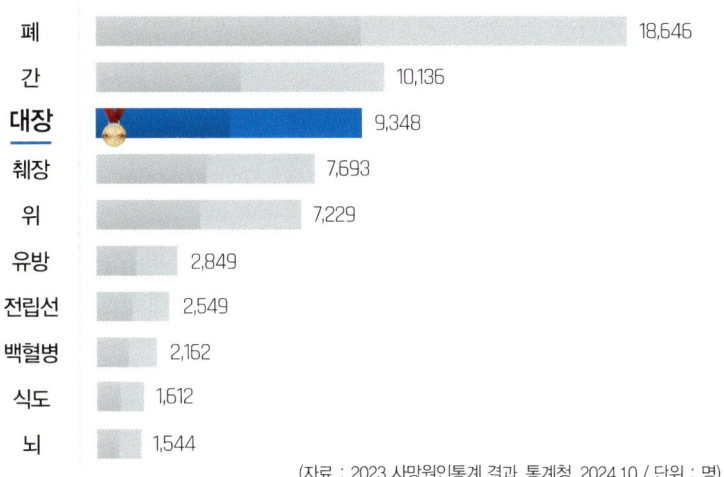

(자료 : 2023 사망원인통계 결과, 통계청, 2024.10 / 단위 : 명)

대장암은 발생자 수 2위, 사망자 수는 폐암, 간암에 이어 3위이기 때문에 '경계해야 할 메달리스트'라고 할 수 있습니다.
따라서 주변에서 자주 볼 수 있는 암이지만, 치명률도 높기 때문에 '쉬운 암'이라고 할 수는 없습니다.

대장암의 생존율은 모든 암의 평균과 비슷한 수준입니다.

STEP 08

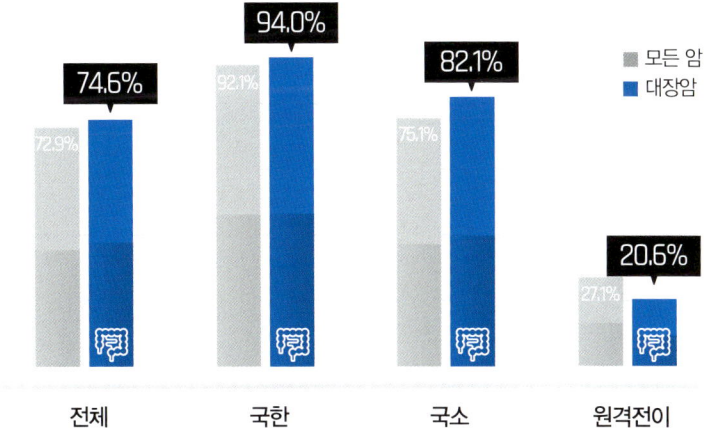

(자료 : 2022 국가암등록통계, 중앙암등록본부, 2024.12)

대장암의 5년(2018~2022) 상대생존율은 74.6%로 모든 암 평균 72.9% 보다 약간 높습니다. 요약병기별 생존율도 모든 암의 평균과 비슷합니다. 그럼에도 사망자 수가 3위인 이유는 상대적으로 생존율이 낮은 3, 4기에 뒤늦게 발견되는 경우가 많기 때문입니다.

STEP 09

대장암의 검진 수검률은 위암, 유방암의 약 60% 수준입니다.

대장암이 3, 4기에 발견되는 이유는 건강검진 수검률이 상대적으로 낮기 때문입니다. 대장암의 5년(2019~2023) 평균 검진 수검률은 39.6%로 위암 62.0%, 유방암 63.3%의 약 60% 수준입니다. 대장암 검진은 국민건강보험의 검진대상이기 때문에 무료로 검진이 가능한데 수검률이 낮은 이유는 무엇일까요?

암검진 미수검자 중 '검사과정이 힘들어서'라고 응답한 비율이 대장암이 24.9%로 가장 높습니다. 대장암의 경우에도 1, 2기 생존율이 높은 만큼 정기적인 검진을 받는 것만으로도 치명률을 상당히 줄일 수 있습니다.

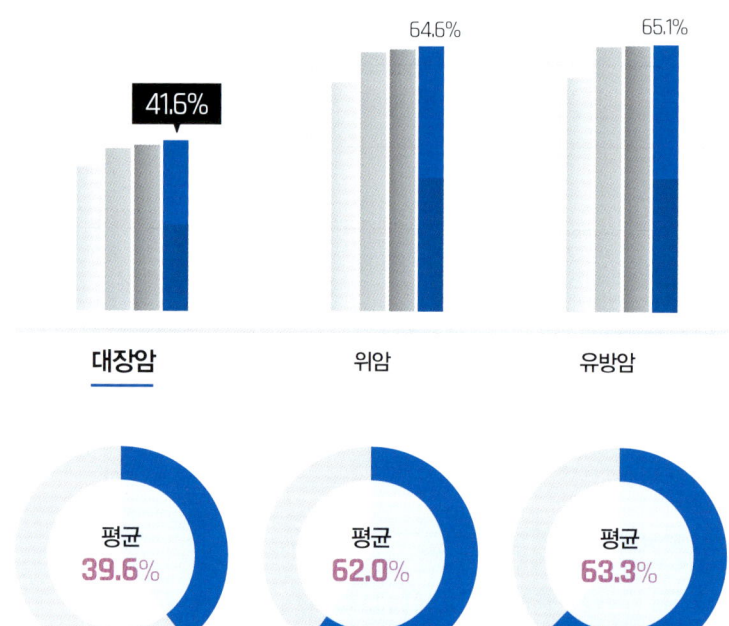

(자료 : 2023 건강검진 통계연보(2019~2023), KOSIS 국가통계포털)

(자료 : 미수검 이유 '검사과정이 힘들어서' 응답률, 국립암센터)

Epilogue

대장암 검진,
선택이 아닌 필수입니다.

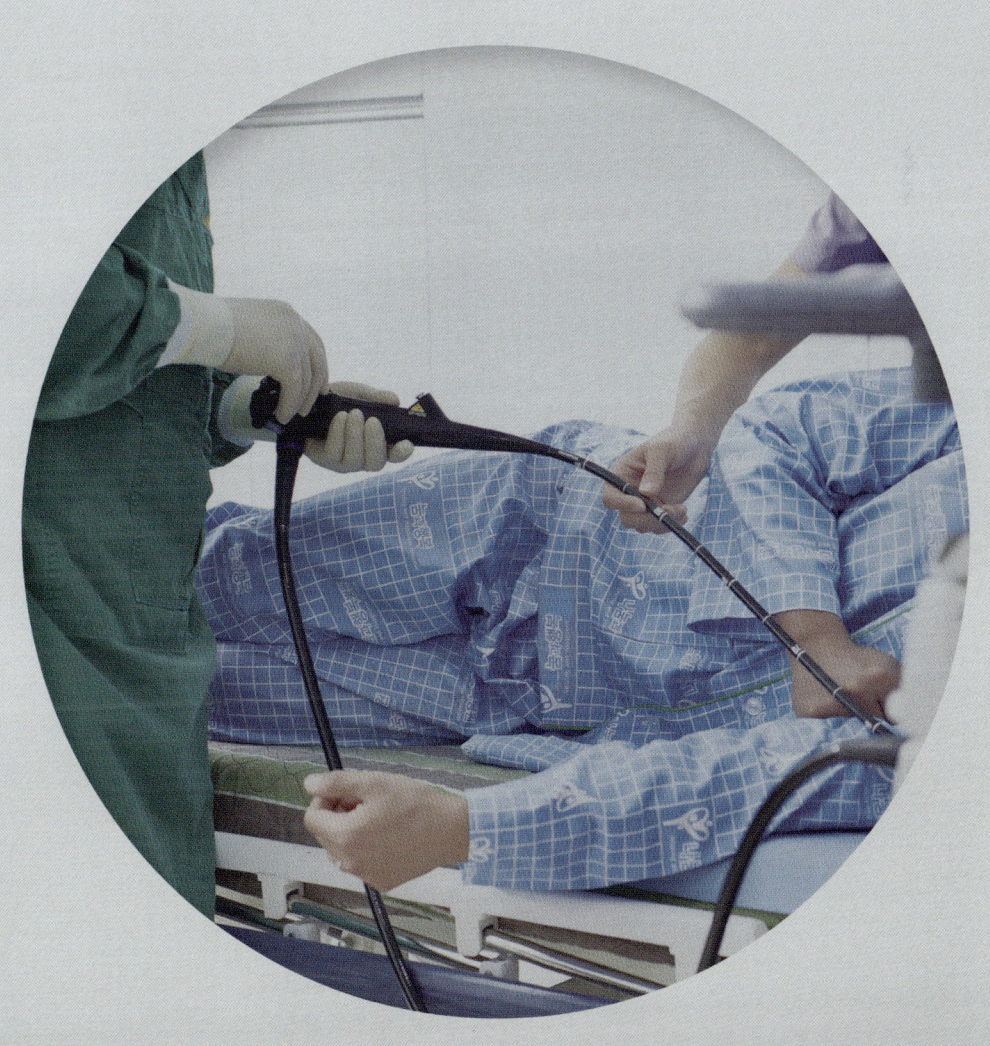

보장설계 프로세스를 한 눈에
CONSULTING MAP

01 요즘 방귀 냄새 괜찮으세요?
방귀냄새 때문에 아내에게 구박받다 대장암 발견, 지독한 방귀냄새는 대장암의 전조 증상

02 대장암 환자의 방귀, 정상인 보다 메탄티올 10배
악취물질인 메탄티올 다량 함유. 지독한 방귀냄새는 대장암 자가진단법

08 대장암의 생존율은 모든 암 평균과 비슷
5년 상대생존율 74.6%로 평균 정도이나, 3, 4기 늦게 발견되는 경우가 많아 사망자 수 3위

07 대장암은 사망자 수 3위
2023년 폐암, 간암에 이어 암사망자 수 3위, 경계해야 할 메달리스트

09 대장암의 검진수검률 위암, 유방암의 60% 수준
최근 5년간 대장암의 건강검진 수검률 평균은 39.6%로 유방암, 위암의 약 60% 수준

EPILOGUE
대장암 검진, 선택이 아닌 필수입니다.

03 대장암은 발생률 2위

2022년 대장암의 발생률은 갑상선암에 이어 2위로 자주 발생하는 흔한 암

04 꾸준히 증가하고 있는 대장암 환자

대장암 환자는 꾸준히 증가하고 있으며, 2023년 18만 2,606명으로 5년새 12.7% 증가

06 연령에 따른 인당 치료비는 거의 비슷

대장암 환자의 연령별 치료비는 비슷한 수준으로 연간 약 400~500만원 정도 소요

05 대장암 환자의 10명 중 9명은 50대 이상

대장암은 50대 이상 환자가 대부분으로 발생률 높은 남성의 대비가 더 필요

암보장설계 ❹

유방암
Breast Cancer

압도적 여성암 1위

우리 아이들은 몇 살에 초경을 시작할까요?

STEP 01

우리 아이들은 몇 살에 초경을 시작할까요?

우리나라 여학생의 평균 초경 연령은 11.7세로 점점 빨라지는 추세입니다.

여성호르몬인 에스트로겐에 노출이 많을수록 유방암 발생확률이 높아 집니다. 최근들어 빨라지는 초경과 늦은 폐경, 그리고 출산이나 모유수유 횟수가 줄어 들면서 여성호르몬의 노출시간이 길어지고 있습니다. 뿐만 아니라 흡연과 음주, 서구화된 식생활 등으로 유방암 발생이 증가하고 있습니다. 또한 발생 연령도 점차 낮아지고 있습니다.

여성이라면 유방암에 대한 대비는 필수입니다.

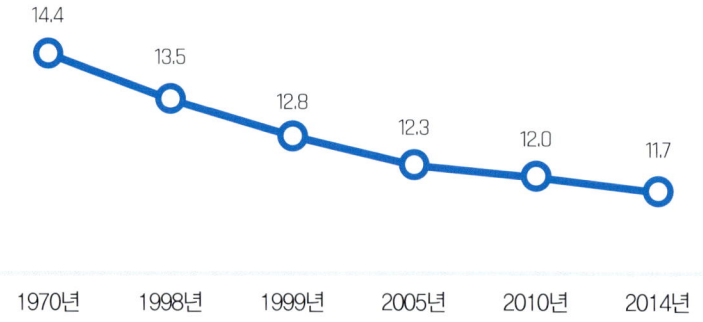

(자료 : 한국 여학생 평균 초경 연령 추이, 보건교육포럼 / 단위 : 세)

위험도를 증가시키는 인자	상대위험도
이른 초경	1.3 ~ 1.7
늦은 폐경	1.4 ~ 6.3
임신 경험이 없는 경우	1.3 ~ 2.0
늦은 연령의 첫 만삭 임신	1.2 ~ 4.1
폐경 후 여성에서의 비만	1.1 ~ 2.0
음주	1.2 ~ 2.3
경구피임약	1.31
가족력(1차 가족관계)	7.9
가족력(1, 2차 가족관계)	1.5 ~ 2.3
흡연	1.3 ~ 3.2

※ 상대위험도 : 위험인자에 노출된 군과 노출되지 않은 군의 유방암 발생률의 비

(자료 : 2024 유방암백서, 한국유방암학회, 2024.08 / 단위 : 배)

여성 암 환자 5명 중 1명은 유방암입니다.

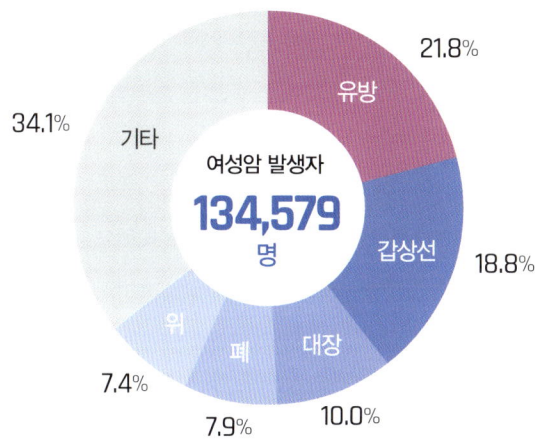

(자료 : 2022 국가암등록통계, 중앙암등록본부, 2024.12)

STEP 02

2022년 여성 암 발생자 중 유방암이 21.8%로, 5명 중 1명은 유방암일 만큼 압도적 1위입니다. 실제로 주변에서 가장 많이 접하게 되는 분들이 유방암 환자이기도 합니다.

여성에게 발생한 암 중 유일하게 유방암만 지속적으로 증가 중입니다.

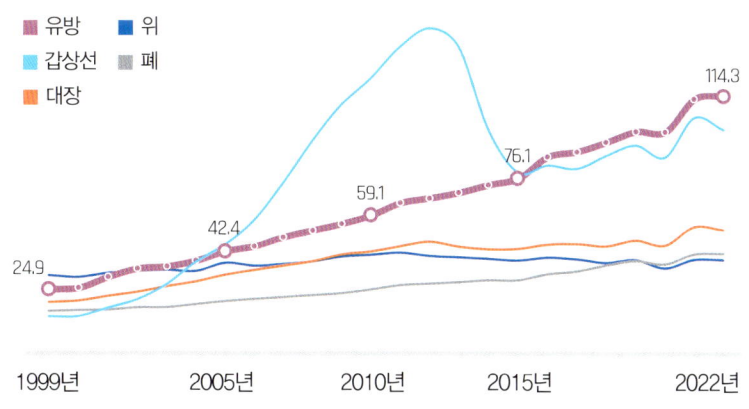

(자료 : 2022 국가암등록통계, 중앙암등록본부, 2024.12 / 단위 : 10만 명당 명)

STEP 03

약 20여년 간 암종별 발생률을 살펴보면, 의학의 발달로 대부분의 암 발생률이 감소하고 있습니다. 갑상선암도 감소세로 전환되었지만 유일하게 유방암만은 지속적인 증가추세를 보이고 있습니다.

STEP 04

유방암은 40~50대에 주로 발생하는 젊은 암입니다.

대부분의 암은 나이가 들수록 발생자가 많아지는 특성을 가지고 있습니다. 유방암은 여성호르몬에 누적적으로 많이 노출된 40~50대에 가장 많이 발생하고, 폐경기 이후에는 오히려 발생자 수가 감소하는 젊은 암입니다.

2022년 유방암 발생자 29,391명 중 40대는 8,531명으로 29.0%, 50대는 8,754명 29.8%로 약 60%에 달합니다. 가정과 사회에서 가장 왕성한 역할을 하는 시기이기 때문에, 심적·물적 부담이 더욱 클 수 있습니다.

(단위 : 명)

구분	30대 미만	30대	40대	50대	60대	70대	80대 이상
2000년	179	1,174	2,256	1,396	707	261	72
2005년	199	1,611	4,127	2,411	1,355	482	107
2010년	190	1,892	5,357	4,170	2,014	893	199
2015년	185	1,803	6,661	5,935	3,019	1,409	390
2022년	183	1,945	8,531	8,754	6,341	2,640	997

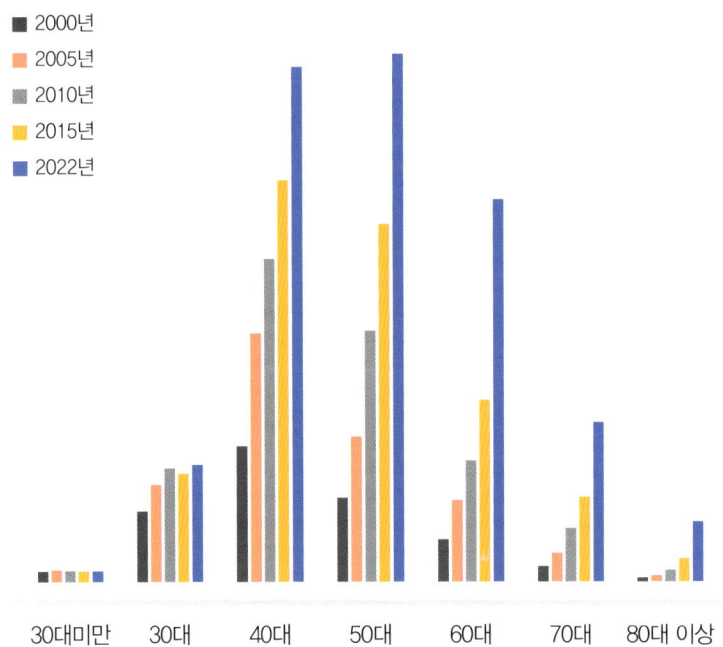

(자료 : 24개 암종/성·연령별 암발생자수, KOSIS 국가통계포털, 2025.01 / 단위 : 명)

환자 수는 적지만 2030세대의 경제적 부담이 가장 큽니다.

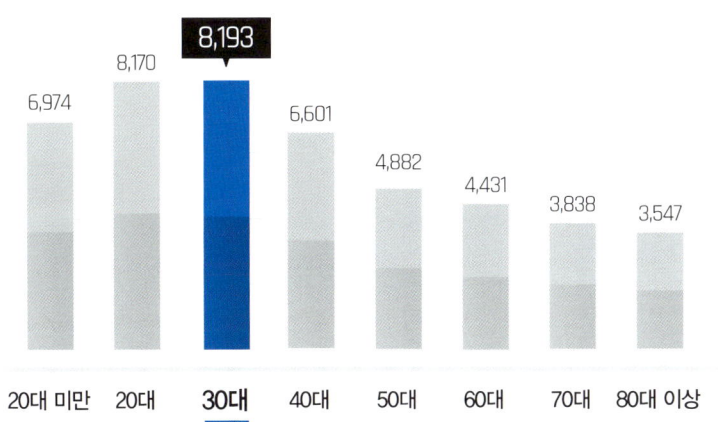

(자료 : 2023 연령별 유방암 인당 치료비, 보건의료빅데이터개방시스템 / 단위 : 천원)

STEP 05

20~30대는 상대적으로 발생자 수가 적지만 인당 치료비는 가장 높습니다. 젊기 때문에 암이 공격적이어서 진행속도도 빠르고, 전이율도 높아 적극적인 치료가 필요하기 때문입니다. 하지만 다른 연령에 비해 소득이 적어 경제적 부담은 가장 크다고 할 수 있습니다.

유방암 절제술과 재건술에 로봇수술 비중이 늘고 있습니다.

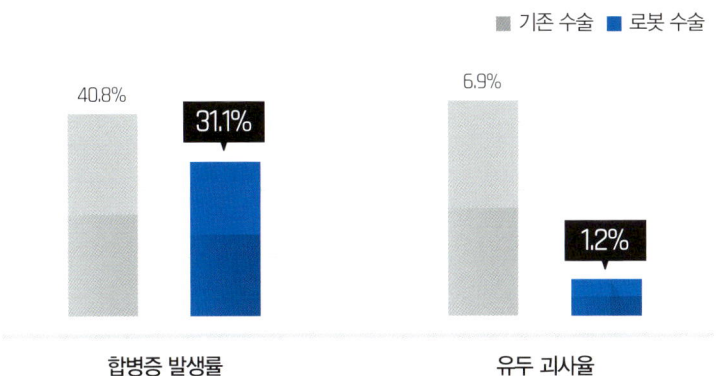

(자료 : 연세암병원 유방암센터 박형석 교수, 외과임상종양학회연보, 2022)

STEP 06

유방은 여성의 상징이기 때문에 가급적 최소 침습과 완벽한 재건을 추구합니다. 그래서 흉터나 출혈이 작고 회복이 빠른 로봇수술을 선호합니다. 특히 합병증 발생률 등에서 효과가 검증되면서 비중이 더욱 커지고 있어, 그만큼 치료비 부담도 늘어나고 있습니다.

STEP 07

유방암은 상대적으로 생존율이 높은 암입니다.

유방암의 5년(2018~2022) 상대 생존율은 94.3%로 모든 암 평균 72.9%에 비해 높고, 원격 전이가 진행된 경우에도 49.0%로 높은 편입니다. 특히 초기 생존율이 99.1%이기 때문에 유방암은 '쉬운 암'이라는 선입견을 가지고 계신 분들이 많습니다.

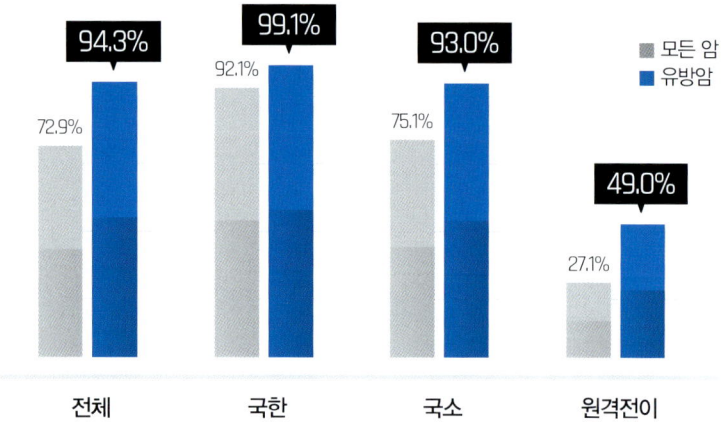

(자료 : 2022 국가암등록통계, 중앙암등록본부, 2024.12)

STEP 08

하지만, 악명높은 간암 만큼 치명률이 높습니다.

치명률이 높다고 알려져 있는 췌장암 보다는 낮지만 간암과 비슷한 수준입니다. 결코 쉬운 암은 아니며, 가볍게 생각하거나 방심해서는 안됩니다.

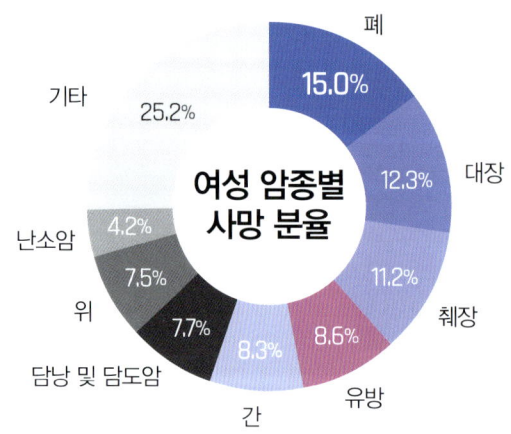

(자료 : 2023 사망원인통계 결과, 통계청, 2024.10)

유방암은 재발률이 높은
뒤끝 있는 좀비형 암입니다.

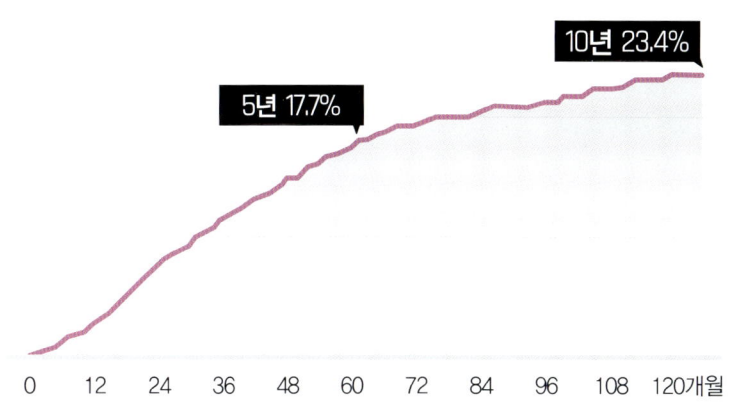

(자료 : 유방암 환자 3,700명의 수술 후 재발률, 서울아산병원 손병호)

STEP 09

유방암의 재발률은 10~25%로 재발이 잘 되는 암으로 알려져 있습니다. 서울아산병원의 연구 결과에 따르면 수술 후 5년 이내에 재발할 확률 17.7%, 10년 이내에 재발할 확률은 23.4% 입니다. 유방암은 뒤끝 있는 좀비형 암입니다.

때문에 최근에는 5년이 아닌
10년 생존율이 중요합니다.

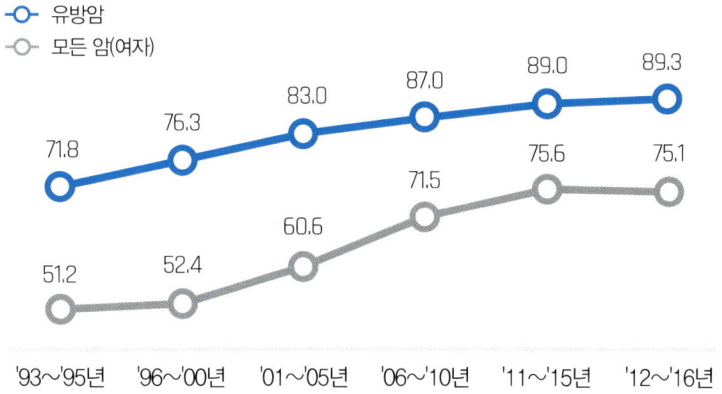

(자료 : 모든 암과 유방암의 10년 상대생존율 추이(여자), 국가암정보센터, 2024.12 / 단위 : %)

STEP 10

예전에는 유방암 치료 후 5년이 경과하면 '완치'라고 판정하고 축하했습니다. 하지만 최근에는 5년 이후에 재발하는 경우도 많아서 10년 상대생존율이 더욱 중요해지고 있습니다. 따라서 재발위험에 대한 대비도 필요합니다.

STEP 11

유방암은 전이율이 높은 암입니다.

유방암의 전이율은 24.1%로 4명 중 1명은 다른 부위로 전이됩니다. 대장암, 위암, 폐암과 함께 전이가 잘 되는 암으로 볼 수 있는 만큼, 전이암에 대해서도 꼼꼼하게 대비하시는 것이 좋습니다.

유방암은 겨드랑이에 있는 림프절을 통해 온 몸으로 전이됩니다. 그래서 암이 생기면 림프절을 수술로 제거하기도 합니다. 결과적으로는 뼈로 가장 많이 전이되는 것으로 알려져 있지만, 실제로는 림프절로의 전이 여부에 따라 예후가 크게 다르게 나타납니다.

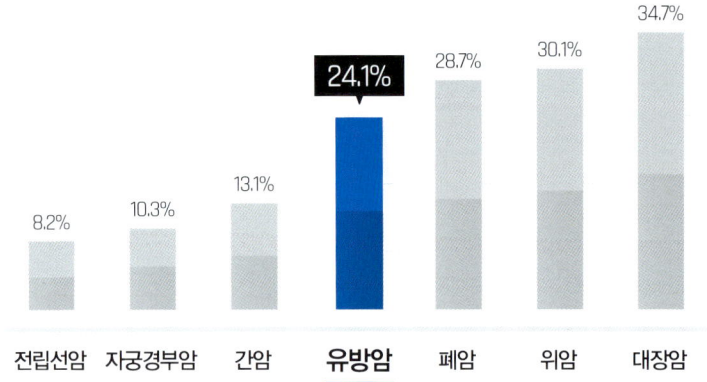

(자료 : 삼성서울병원)

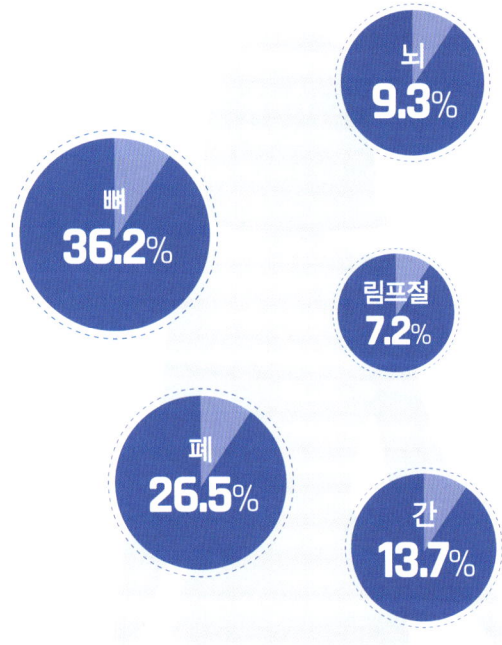

(자료 : 삼성서울병원)

Epilogue

안젤리나 졸리가 수술을 선택한 이유는 무엇일까요?

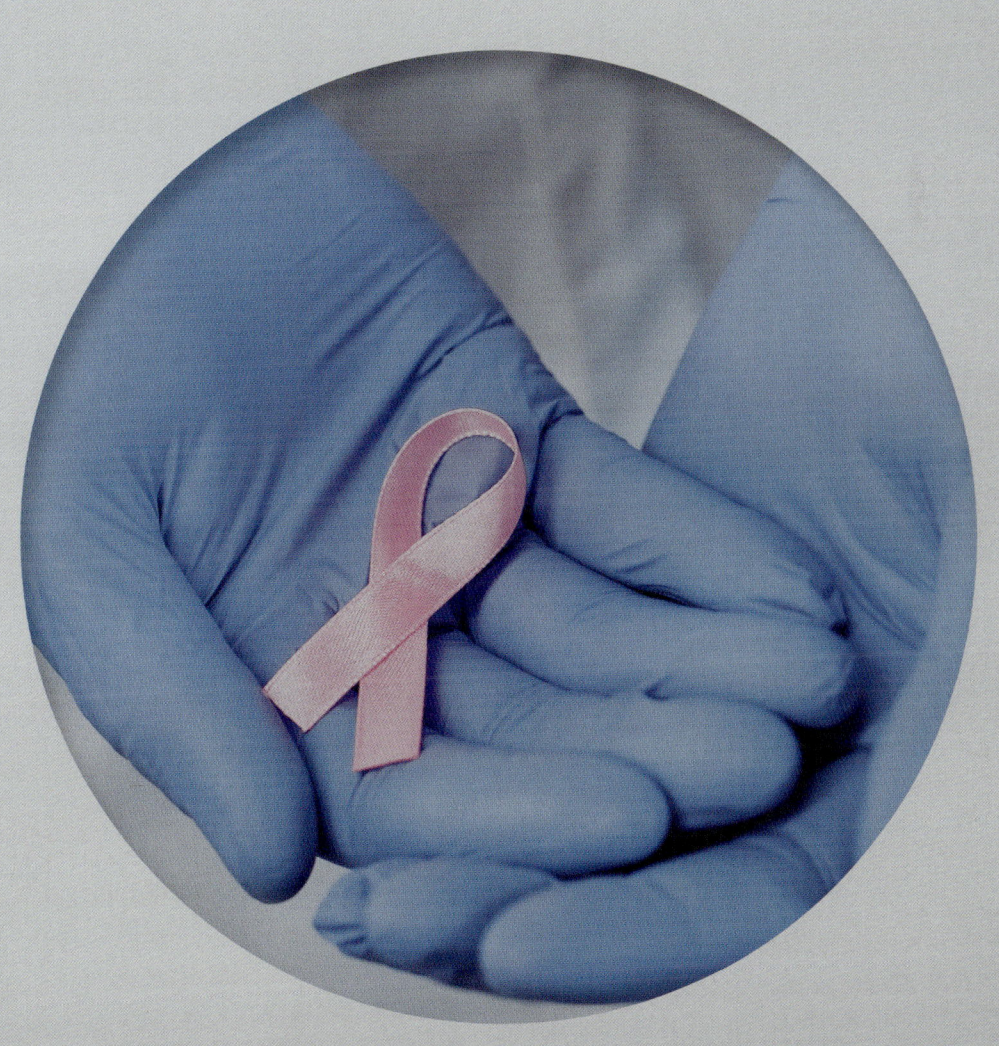

보장설계 프로세스를 한 눈에
CONSULTING MAP

01
우리 아이들은 몇 살에 초경을 시작할까요?

여성호르몬 노출기간이 길어지면서 유방암 발생확률이 높아지고 발생연령 낮아져

02
여성 암 발생자 수 1위, 5명 중 1명은 유방암

2022년 여성 암 발생자 중 21.8%가 유방암, 압도적인 여성 암 발생자 수 1위

08
악명 높은 간암 만큼 치명률이 높은 암

치명률이 높다고 알려져 있는 간암과 사망자 수 비슷해 결코 '쉬운 암' 아니므로 방심은 금물

07
유방암은 상대적으로 생존율이 높은 암

유방암의 5년 상대생존율은 94.3%, 원격전이기에도 49.0%로 생존율 높은 암

09
유방암은 재발률 높은 뒤끝 있는 좀비형 암

수술 후 5년 이내 재발률 17.7%, 10년 이내 23.4%로 높은 재발 가능성에 주의

10
5년 생존율이 아니라 10년 생존율이 더 중요

재발 위험을 고려하여 5년이 아닌 10년 상대생존율의 중요성 증가

03
여성에게 발생한 암 중 유일하게 지속적 증가중인 유방암
대부분의 암 발생률은 감소 또는 정체하고 있으나 유방암은 증가 추세

04
40~50대에 주로 발생하는 젊은 암
유방암은 40대 29.0%, 50대 29.8%로 40~50대에 집중되는 젊은 암

06
유방암 절제술과 재건술에 로봇수술 비중 확대
최소 침습, 완벽한 재건 추구로 로봇수술 비중 증가, 더 많은 치료비 필요

05
2030세대의 치료비 부담 가장 커
소득은 적은 반면, 적극적인 치료가 필요하기 때문에 2030세대 부담 가중

11
유방암은 전이가 잘 되는 암
유방암의 전이율은 24.1%로 4명 중 1명은 전이될 수 있고, 전이의 시작은 림프절

EPILOGUE
안젤리나 졸리가 수술을 선택한 이유는 무엇일까요?

암보장설계 ⑤

간암
Liver Cancer

발생률은 낮지만 사망률 높은 암

로마 신화의 '술의 신' 이름은 무엇일까요?

STEP 01 — 로마 신화의 '술의 신' 이름은 무엇일까요?

로마 신화의 '술의 신' 이름은 '바커스'이고, 피로회복제의 대명사라 할 수 있는 동아제약 '박카스' 제품명의 유래이기도 합니다. 간질환이 있다고 하면 술 때문에 그럴 것이라고 오해하는 분들이 많습니다. 사실은 그렇지 않을 수도 있습니다.

피로회복제의 대명사, 박카스의 유래

동아제약의 '박카스'는 독일 함부르크 시청 지하 홀 입구에 서 있는 로마신화의 술과 추수의 신 '바커스(Bacchus)'에서 영감을 얻어 탄생했습니다. 간장을 보호하는 제품의 이름으로 주당들을 지켜주는 바커스신의 이미지를 사용한 것입니다. 주당들을 지켜주고 풍년이 들도록 도와 주는 바커스신의 이미지를 간장을 보호하는 제품명으로 사용한 것입니다. 1960년대만 하더라도 회사명이나 성분명을 이용해 제품명을 정하는 것이 고작이었던 시대였기 때문에 파격적인 이름으로 인기를 끈 것이 지금까지 이어져 오고 있습니다.

(자료 : 박카스의 역사, 동아제약 홈페이지)

STEP 02 — 간은 해독과 대사를 책임지는 우리 몸의 에너지 관리센터입니다.

간은 우리 몸의 독성을 해독하고, 에너지 대사를 담당하며, 호르몬이나 혈류량, 혈압을 조절하는 중요한 기관입니다. 다양한 원인에 의해 간염 등 간질환이 발생한 후 간경화가 되면, 간암으로 진행될 가능성이 커집니다.

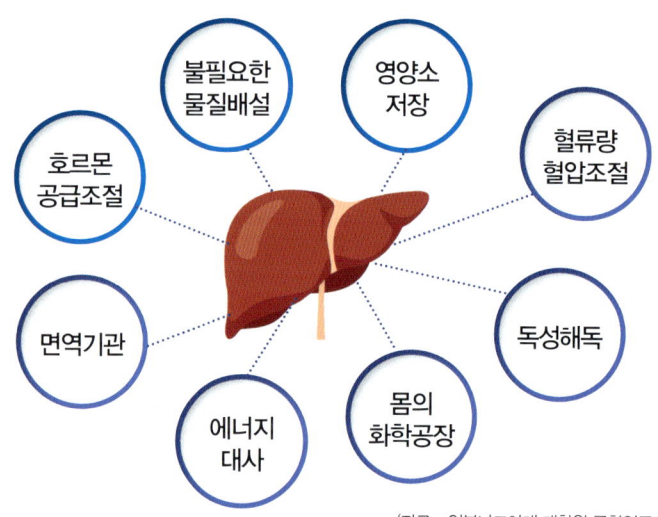

(자료 : 일본나고야대 대학원 공학연구과)

간암의 원인 중 약 70%는 간염입니다.

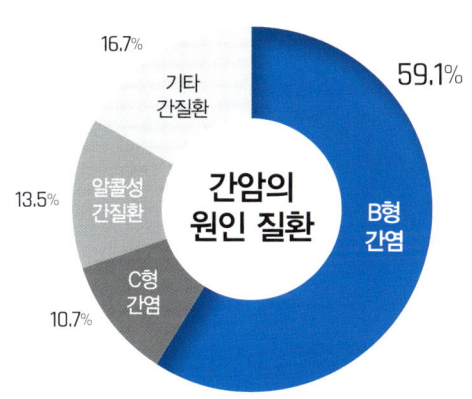

A형/E형 간염
오염된 물과 음식,
환자의 분변,
경구 감염이 주 원인

B형/C형 간염
성관계, 수술, 수혈 등
환자의 혈액, 체액,
분비물이 주 원인

(자료 : 간암백서, 대한간암학회, 2024.06)

STEP 03

간암은 술 때문이라는 선입견과 달리 간암의 가장 큰 원인 질환은 간염입니다. B형 간염 59.1%, C형 간염 10.7%로 약 70%는 간염 때문에 발생하고, 알콜성 간질환은 13.5%에 불과합니다. 따라서 간염 환자나 간염 보균자라면 반드시 간암에 대한 대비를 해야 합니다.

B형 간염 환자는 지속적으로 증가하고 있습니다.

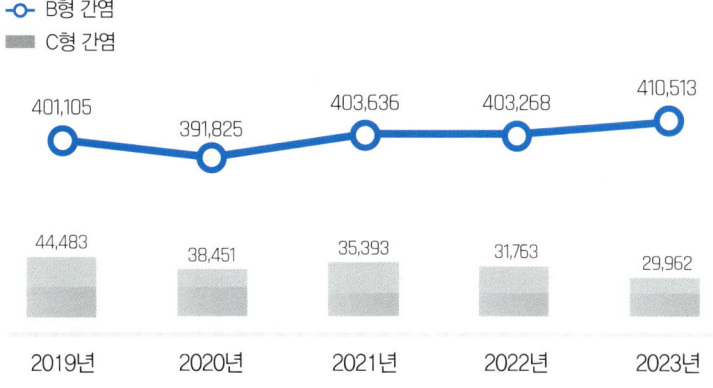

(자료 : 보건의료빅데이터개방시스템, 2023년 기준 / 단위 : 명)

STEP 04

C형 간염 환자는 감소 추세인 반면, B형 간염 환자는 소폭이지만 지속적으로 증가하고 있습니다.
B형 간염은 가장 비중이 높은 간암의 원인 질환이기 때문에, 간암의 위험에 노출된 사람들이 많아지고 있다는 것을 의미합니다.

STEP 05

간암은 발생자 수 7위로 흔한 암은 아닙니다.

2022년 간암 발생자 수는 약 1만 5천여 명으로 7위입니다. 또한 발생자 수가 2000년 이후 약 20여 년간 연간 15,000명 내외 수준을 꾸준히 유지하고 있으며, 최근에는 소폭의 감소 추세를 보이고 있습니다.

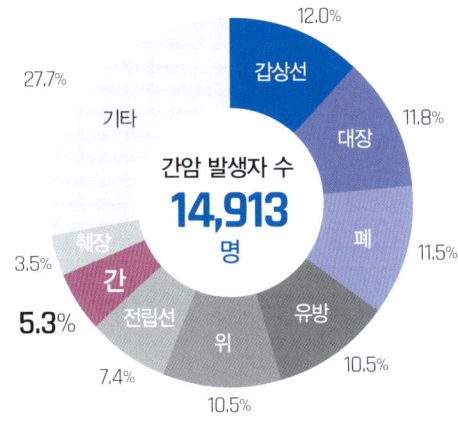

(자료 : 2022 국가암등록통계, 중앙암등록본부, 2024.12)

STEP 06

간암 발생률은 남자 5위, 여자 8위로 남자의 위험률이 더 높습니다.

성별 발생자 수를 살펴보면, 남자가 10,974명으로 5위, 여자가 3,939명으로 8위 수준이고, 남자가 여자 보다 약 2.8배 더 많습니다. 상대적으로 위험률이 높은 남자의 대비가 더 필요합니다.

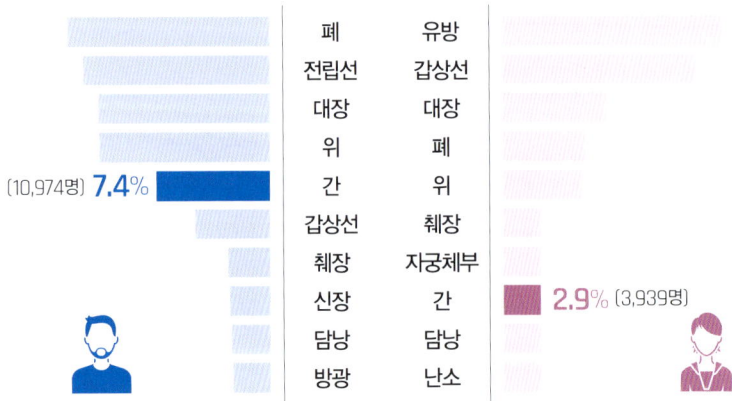

(자료 : 2022 국가암등록통계, 중앙암등록본부, 2024.12)

발생률은 낮지만 사망자 수 2위로 치명률은 높은 암입니다.

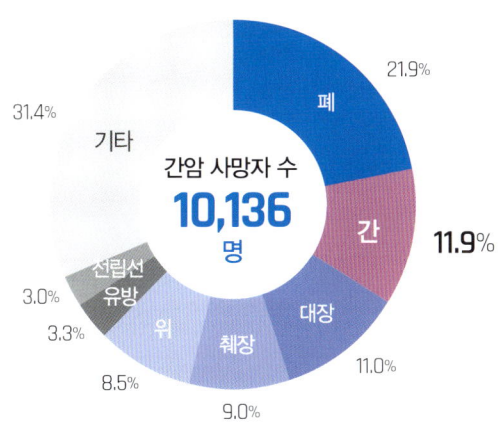

(자료 : 2023 사망원인통계 결과, 통계청, 2024.10)

STEP 07

간암의 발생자 수는 7위이지만 사망자 수는 10,136명으로 폐암에 이어 2위입니다.
잘 걸리지는 않지만, 걸리면 치명률이 매우 높다는 것을 의미하며, 상대적 위험률이 더 큰 암이라고 할 수 있습니다.

병기와 상관없이 생존율이 매우 낮습니다.

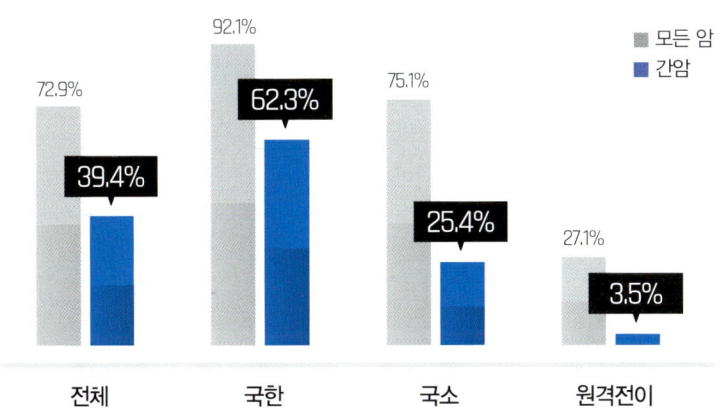

(자료 : 2022 국가암등록통계, 중앙암등록본부, 2024.12)

STEP 08

간암의 5년(2018~2022) 상대생존율은 39.4%로 모든 암 평균의 절반 수준입니다. 특히 국소 병기나 원격전이 병기에는 현격히 낮아지고, 주요 암종 중에서도 생존율이 매우 낮은 암 중 하나라고 할 수 있습니다.

STEP 09

간암은 40~50대의 가장을 앗아가는 침묵의 암살자입니다.

2023년 남자 암 사망자의 연령대별 사망원인 중 30대 이후 전 연령에서 3위 이내인 것이 간암입니다. 특히 40대와 50대는 1위입니다. 한참 일할 나이이고, 가장으로서 책임이 가장 무거운 나이에 가장을 앗아가는 간담이 서늘한 암이며, 통증과 전조증상이 없어 침묵의 암살자로 불립니다.

구분	1위		2위		3위	
	사망원인	사망률	사망원인	사망률	사망원인	사망률
10대	백혈병	2.0	뇌암	1.3	피부암	0.1
20대	백혈병	2.2	뇌암	1.2	위암	0.6
30대	백혈병	3.2	대장암	2.4	간암	2.1
40대	간암	14.5	대장암	6.9	폐암	6.8
50대	간암	56.1	폐암	35.7	대장암	30.4
60대	폐암	178.2	간암	121.4	대장암	75.5
70대	폐암	591.9	간암	236.6	대장암	155.5
80대 이상	폐암	578.2	대장암	219.9	간암	205.8

(자료 : 2023 사망원인통계 결과(남자, 연령별), 통계청, 2024.10 / 단위 : 10만 명당 명)

STEP 10

치명률이 높은 만큼 치료비용이 많이 드는 암입니다.

2023년 간암 환자의 평균 인당 치료비용은 약 900만원입니다. 치명률이 높고, 절제술 외에 간 이식술 등 고가의 치료가 적용되기 때문에 치료비용이 많이 드는 암입니다. 따라서 보장 설계시 진단비와 더불어 치료비를 충분하게 대비하는 것이 좋습니다.

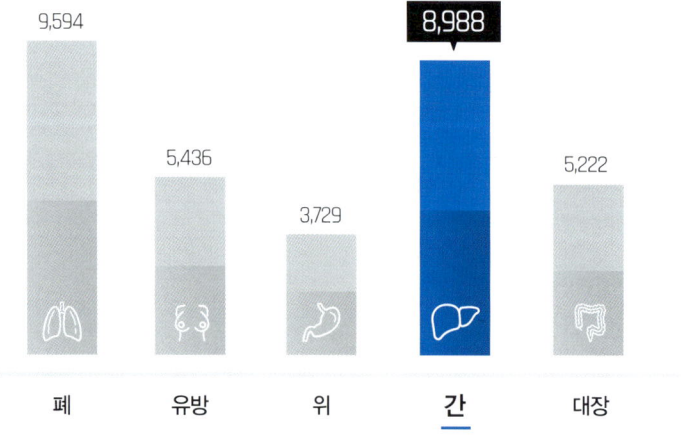

폐 9,594 / 유방 5,436 / 위 3,729 / 간 8,988 / 대장 5,222

(자료 : 보건의료빅데이터개방시스템, 2023년 기준 / 단위 : 천원)

Epilogue

침묵의 암살자가
지금도 당신을 노리고 있습니다.

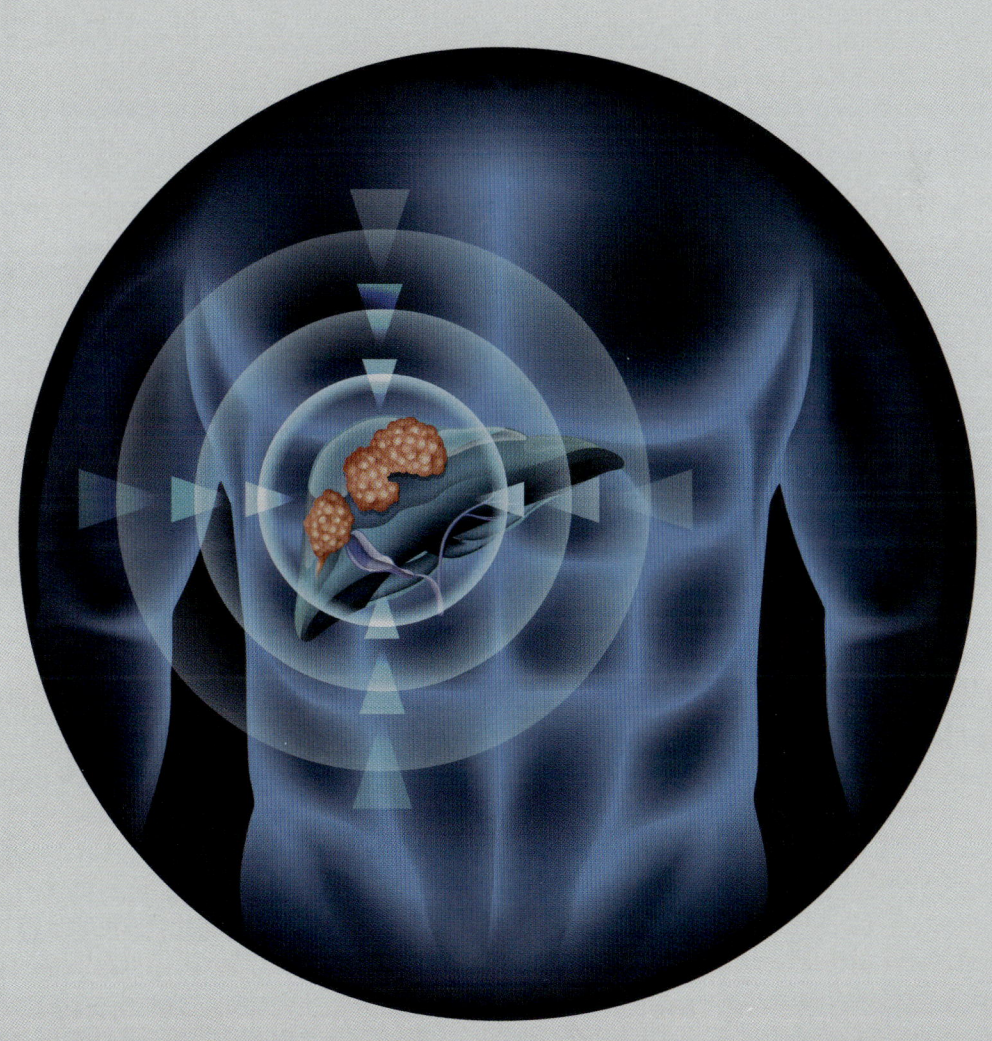

보장설계 프로세스를 한 눈에
CONSULTING MAP

01 로마 신화의 '술의 신' 이름은 무엇일까요?
간질환이 있다고 하면 술 때문이라고 오해하는 경우가 많지만 그렇지 않을수도

02 간은 해독과 대사를 책임지는 에너지 관리센터
간에 간염 등 간질환이 발생한 후 간경화를 거쳐 간암으로 진행

08 병기와 상관없이 생존율 낮은 암
간암의 5년 상대생존율은 39.4%, 주요 암종 중 생존율 낮은 암 중 하나

07 간암은 사망자 수 2위
2023년 간암 사망자는 10,136명으로 폐암에 이어 2위로, 발생률 낮지만 치명률 높은 암

09 40~50대 가장을 앗아가는 침묵의 암살자
2023년 암사망자(男) 중 40~50대 1위가 간암. 가장을 앗아가는 간담이 서늘한 암

10 치명률이 높은 만큼 치료비용이 많이 드는 암
2023년 간암 환자의 평균 인당치료비용 약 900만원으로 진단비와 더불어 치료비를 충분히 대비

03 간암은 술보다는 70%가 간염이 원인

간암의 원인 중 59.1%는 B형 간염, 10.7%는 C형 간염으로 원인 질환 있는 경우 대비 필요

04 지속적으로 증가하고 있는 B형 간염 환자

B형 간염 환자의 지속적인 증가추세는 간암 위험에 노출된 사람이 많아진다는 의미

05 간암은 발생자 수 7위

2022년 간암 발생자는 14,913명으로 7위이며, 흔한 암은 아님

06 간암 발생자 수 남자 5위, 여자 8위

간암 발생자 수도 남자가 여자 보다 2.8배 많아 위험률 높은 남자의 대비가 더 필요

EPILOGUE

침묵의 암살자가 지금도 당신을 노리고 있습니다.

암보장설계 ❻

갑상선암
Thyroid Cancer

진행속도 느린 거북이암

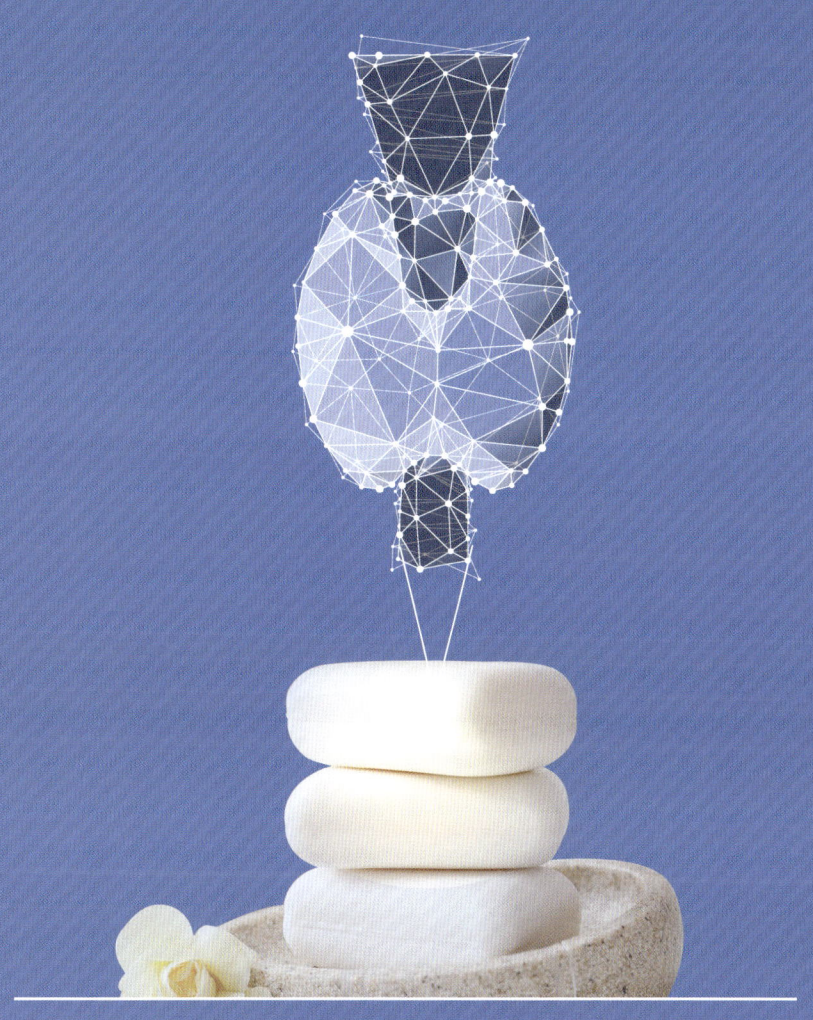

비누를 고르는 기준이 있으세요?

STEP 01

비누를 고르는 기준이 있으세요?

1980년대에는 지금처럼 성분이나 효능이 아니라, 물러지지 않고 얼마나 오래가느냐에 따라 비누를 선택했습니다. '어, 아직도 그대로네!'는 당시 가장 유행했던 비누광고의 카피입니다.

갑상선암은 이 카피가 잘 어울릴 만큼 진행속도가 느려 '거북이암'으로 불립니다. 갑상선암 중 97.5% 가량은 예후가 좋은 유두암과 여포암이기 때문입니다.

하지만 C세포에서 발생하는 수질암이나 미분화암인 역형성암은 비중은 작지만 치명적인 암입니다. 따라서 갑상선암은 쉬운 암이라는 생각은 위험할 수 있습니다.

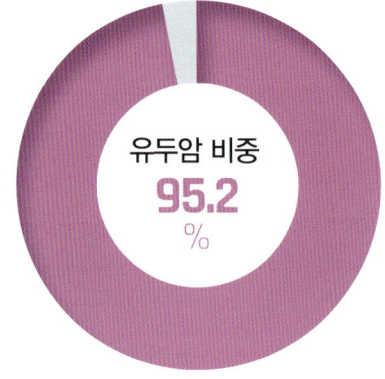

유두암 비중
95.2%

구분	비중
유두암	95.2%
여포암	2.3%
수질암	0.4%
역형성암	0.3%
기타	1.8%

(자료 : 갑상선암의 조직학적 형태에 따른 발생 빈도(2022년 갑상선암 발생건수 전체), 보건복지부 중앙암등록본부, 2024.12)

유두암
- 전체 갑상선암 중 95% 이상을 차지, 진행속도가 느린 '거북이암'
- 20~60대까지 넓은 연령층의 여성에게서 많이 발생
- 갑상선 주변의 림프절을 침범하는 국소전이가 흔함
- 원격전이는 상대적으로 적고, 예후 좋음

여포암
- 전체 갑상선암 중 2% 정도 차지
- 주로 50대 이상에서 많이 발생
- 간, 폐, 뼈 등으로 전이될 수 있어 주의 필요
- 성장이 비교적 느려 예후는 좋은 편

수질암
- 전체 갑상선암 중 1% 미만 차지
- 환자 중 20~30%는 유전적 요인에 의해 발생
- 칼시토닌을 분비하는 C세포에서 악성 종양 발생
- 다발성인 경우 많고 원격전이가 흔해 예후는 안 좋은 편

역형성암
- 전체 갑상선암 중 1% 미만 차지
- 오랜 시간 지나 발견되어 알게되는 암
- 대부분 4기에 진단되고 진행속도 빠르며 원격전이가 흔해 수술 시도 확률이 10% 내외인 예후 안 좋은 암

4년 연속 우리나라 암 발생자 수 1위의 암입니다.

STEP 02

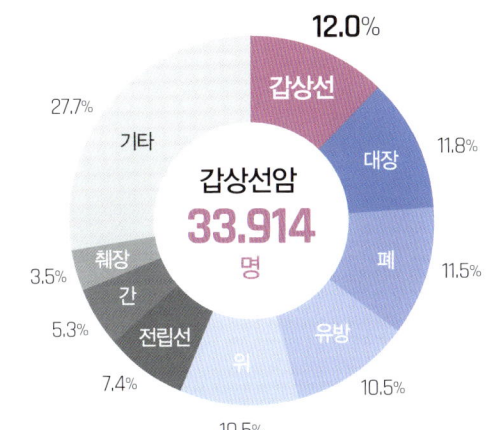

(자료 : 2022 국가암등록통계, 중앙암등록본부, 2024.12)

갑상선암은 2019년부터 2022년까지 4년 연속 발생자 수 1위로 우리나라 사람들에게 가장 많이 발생하는 암입니다.

남성 암 환자 중 5.8%, 여성 암 환자 중 18.8%로 여성에서 더 많이 발생하고, 발생자 수도 남자 8,576명, 여자 25,338명으로 약 3배 가량 여자가 더 많습니다. 때문에 갑상선암은 여성에게 더 위험한 암이고, 여성의 대비가 더 필요합니다.

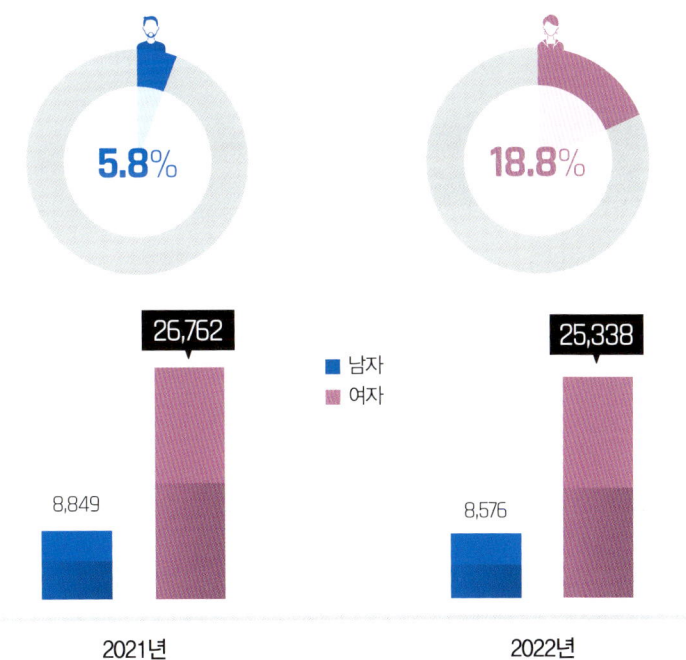

(자료 : 2022 국가암등록통계, 중앙암등록본부, 2024.12 / 단위 : 명)

STEP 03

암 발생자의 증가속도는 모든 암에 비해 약 3.7배 이상 빠릅니다.

발생자 수 1위의 암인 만큼 발생자 수의 증가속도도 암 중에서 가장 빠릅니다. 2022년에는 모든 암이 2000년에 비해 약 2.7배 증가한 반면, 갑상선암은 약 9.9배 증가하여 모든 암에 비해 약 3.7배 이상 더 빠르게 증가하고 있습니다.

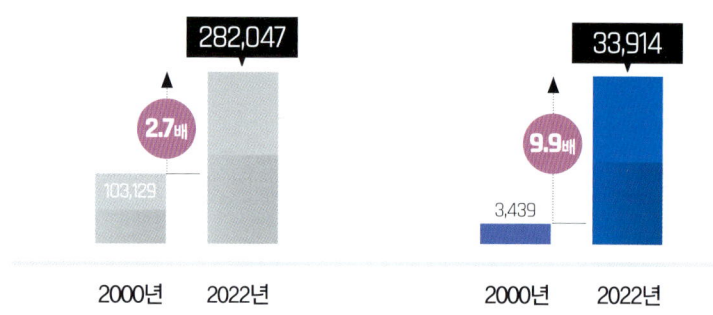

(자료 : 2022 국가암등록통계, 중앙암등록본부, 2024.12 / 단위 : 명)

STEP 04

갑상선암 환자는 30~50대의 젊은 여성이 많습니다.

갑상선암은 여성에게 더 많이 발생하며, 특히 30~50대의 젊은층에서 더 많이 발생하는 특징을 가지고 있습니다. 갑상선 기능항진증이나 저하증, 결절 등 질환이 있다면, 젊은 나이부터 미리 대비해야 합니다.

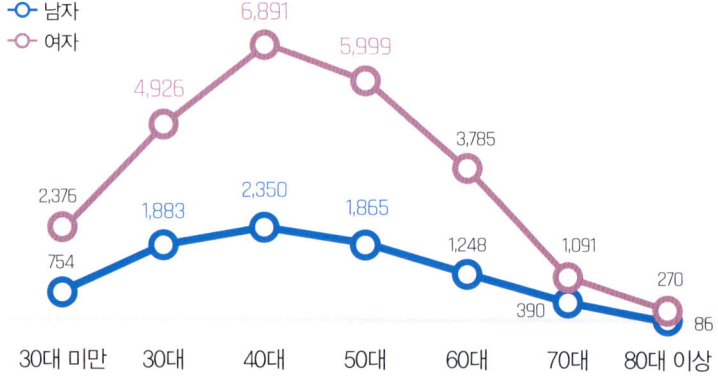

(자료 : 성.연령별 암발생자수, KOSIS 국가통계포털, 2024.12 / 단위 : 명)

갑상선암 환자 수는
지속적으로 증가하고 있습니다.

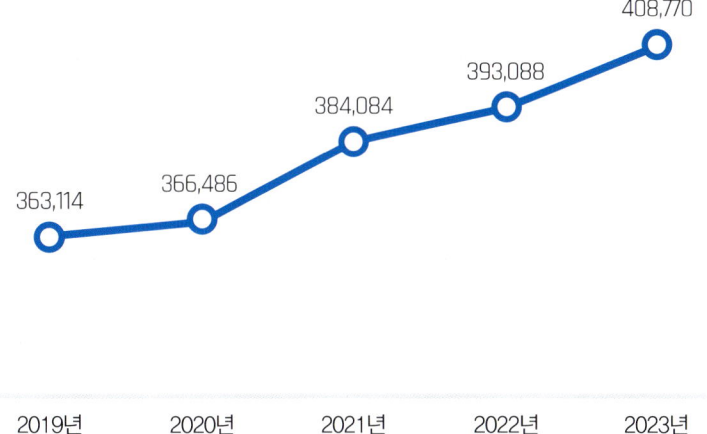

(자료 : 보건의료빅데이터개방시스템, 2023년 기준 / 단위 : 명)

STEP 05

발생자 수가 증가하는 만큼 환자 수도 계속 증가 추세를 보이고 있습니다. 2019년 36만 3천여 명에서 2023년 40만 9천여 명으로, 4년새 약 4만 6천여 명, 약 12.6% 가 증가 하였습니다.

갑상선암 환자의 92.6%는
초기에 진단됩니다.

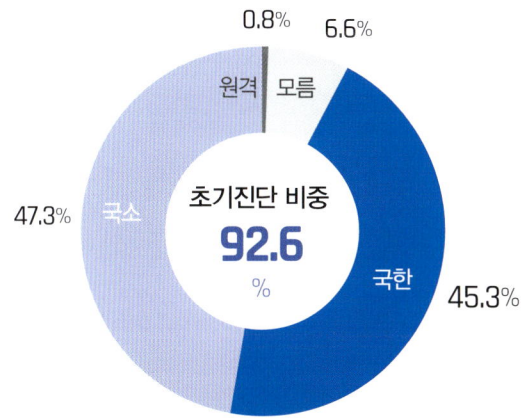

(자료 : 국가암등록사업 연례보고서, 중앙암등록본부, 2025.01)

STEP 06

갑상선암의 95% 이상이 예후가 좋은 유두암이며, 진행속도가 느린 '거북이암'이다 보니 92.6%가 초기 병기에 발견됩니다.

특히 국소전이가 있더라도 원격 전이로 진행되는 비중이 낮아 초기에 진단되는 경우가 대부분입니다.

STEP 07

갑상선암의 5년 상대생존율은 100.1%로 암 중에서 가장 높습니다.

대부분 초기에 발견되고, 진행 속도도 느리기 때문에 암중에서 생존율이 가장 높습니다. 갑상선암의 5년 상대생존율은 전체 100.1%, 국한 100.7%, 국소 100.3%로 오히려 정상인보다 더 높은 수준입니다. 그래서 갑상선암은 '쉬운 암', '착한 암'이라는 선입견이 많습니다.

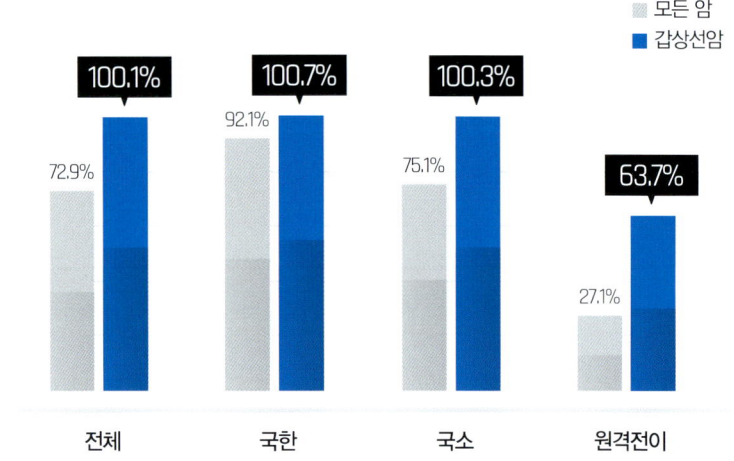

(자료 : 2022 국가암등록통계, 중앙암등록본부, 2024.12)

STEP 08

암 사망률은 낮지만 환자 수가 많은 '못된 암'입니다.

갑상선암은 사망률은 낮지만, 환자 수가 다른 주요 암에 비해 많습니다. 또한 수질암이나 역형성암 등은 치명률이 높기 때문에 '착한 암'의 이면에 '못된 암'의 두 얼굴을 가진 암입니다.

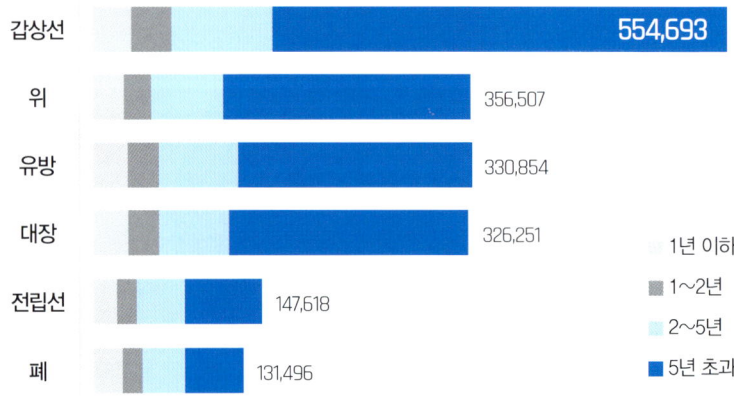

(자료 : 2022 국가암등록통계, 중앙암등록본부, 2024.12 / 단위 : 명)

Epilogue

착한 암과 못된 암, 두 얼굴의 암

보장설계 프로세스를 한 눈에
CONSULTING MAP

01
비누를 고르는 기준이 있으세요?
비누 광고 '어 아직도 그대로네'가 잘 어울릴 만큼 진행속도가 느린 '거북이암'

02
4년 연속 우리나라 암 발생자 수 1위
갑상선암은 한국인이 가장 많이 걸리는 암, 남자 보다 여자에게 3배 더 많이 발생

08
사망률은 낮지만 환자 수 많은 '못된 암'
사망률은 낮지만 환자수가 가장 많고, 수질암이나 역형성암 등은 치명률이 높은 두얼굴의 암

07
5년 상대생존율 100.1%로 가장 높은 암
정상인의 생존율과 같거나 오히려 높아 '쉬운 암', '착한 암'이라는 선입견

EPILOGUE
착한 암과 못된 암, 두얼굴의 암

03 발생자 증가속도 모든 암보다 3.7배 빨라

2000년 대비 모든 암의 발생자는 2.7배 증가, 갑상선암은 9.9배로 더 빠른 속도로 증가

04 30~50대의 젊은 여성환자가 많아

갑상선기능항진증 및 저하증, 결절 등이 있는 젊은 여성은 사전 대비 필요

06 갑상선암 환자의 92.6%는 초기에 진단

갑상선암의 95% 이상이 예후가 좋은 유두암으로 92.6%가 초기 병기에 발견

05 환자 수는 지속적으로 증가

발생자 수 1위인 만큼 환자 수도 지속적인 증가 추세로 4년새 12.6% 증가

맛있고 풍성한 보장설계를 위한
CONSULTING TIP

QUESTION 01

요즘은 암에 걸려도 건강보험이 잘 되어 있어서 진료비의 5%만 내면 되기 때문에 치료비가 많이 안 든다고 하더라구요. 그렇다면 굳이 암보험을 가입할 필요가 있을까요?

본인일부부담금 산정특례제도

국민건강보험에서 국민의 의료비 부담을 덜어드리기 위해 진료비 부담이 높은 중증질환자 및 희귀질환자에 대하여 본인부담률을 경감시켜주는 제도입니다.

적용시기
- 확진일로부터 30일 이내에 등록 신청한 경우 '확진일' 기준으로 적용
- 확진일로부터 30일 경과 후 등록 신청한 경우 '신청일' 기준으로 적용

적용범위
- 산정특례 등록 질환 및 등록 질환과 의학적 인과관계가 명확한 합병증
- 산정특례 적용 질환이 다른 곳으로 전이되거나 재발하는 경우에도 산정특례 적용 가능
- 산정특례 적용 질환 이외의 다른 산정특례 등록 중증 질환 발병 시 중복 적용 가능

구분		특례기간	본인부담률	비고
중증질환자 산정특례	암	5년 (재등록 가능)	5%	재등록 · 산정특례 적용 기간이 경과한 이후라도 평가시점에 치료가 필요하다고 의료진이 판단한 경우 재등록 가능 · 보양 또는 예방을 위한 치료비 등은 산정특례 적용 불가 중증치매 · V800 : 5년 · V810 : 5년간 매년 60일
	뇌혈관질환	최대 30일 (입원)	5%	
	심장질환	최대 30일 (입원, 외래)	5%	
	중증화상	1년 (재등록가능)	5%	
	중증외상	최대 30일 (입원)	5%	
희귀질환자 산정특례		5년 (재등록 가능)	10%	
중증난치질환 산정특례		5년 (재등록 가능)	10%	
중증치매 산정특례		5년 (재등록 가능)	10%	
결핵 산정특례		치료종료일 (완치, 완료, 사망)	0%	
잠복결핵감염 산정특례		1년 (6개월 연장 가능)	0%	

(자료 : 국민건강보험 홈페이지, 본인일부부담금 산정특례제도)

point 01   산정특례 제도는 급여치료비에 대해서만 적용

최근 암 치료기법의 발달로 다빈치로봇수술, 표적항암치료제, 면역항암치료제, 양성자치료, 중입자치료 등 다양한 비급여 치료가 늘어나고 있기 때문에 산정특례만으로는 대비가 충분하지 않습니다.

point 02   산정특례 제도는 직접치료비에 대해서만 적용

암으로 확진될 경우 직접의료비 이외에 직접비의료비, 정상적인 경제활동을 하지 못해 발생하는 소득상실 등 간접치료비의 비중이 큰 것이 일반적인데, 산정특례의 적용대상에 해당하지 않습니다.

point 03   산정특례는 특례기간에만 적용

대부분의 암은 산정특례기간 5년이 경과한 이후에도 전이나 재발을 방지하기 위하여 지속적인 검진과 치료가 필요한데, 특례기간이 종료된 이후 본인부담금이 급격하게 증가할 수 있습니다.

QUESTION 02

암보험 상담을 하면 무조건 보장금액을 크게 하라고 권유하시는 분들이 많으신데, 솔직히 암을 치료할 수 있는 치료비 정도만 가입해도 충분한 것 아닌가 싶어요.

암의 경제적 비용부담 추계

암의 치료비 통계는 환자와 병기, 치료방법, 의료기관 등에 따라 차이가 커 객관성 확보가 어렵습니다.

암종류	직접비용				간접비용				합계
	직접 의료비	직접 비의료비	소계	%	이환 손실	사망 손실	소계	%	
백혈병	23,750	4,450	28,200	13.5	6,524	174,709	181,233	86.5	209,433
간암	12,466	4,851	17,317	10.8	8,704	133,725	142,429	89.2	159,745
유방암	5,903	3,992	9,895	7.8	5,271	112,505	117,776	92.2	127,671
다발성 골수	22,171	6,123	28,294	25.1	6,668	77,876	84,545	74.9	112,839
위암	5,562	4,256	9,818	9.0	6,682	92,937	99,619	91.0	109,437
췌장암	13,741	5,729	19,470	18.1	6,136	81,927	88,062	81.9	107,533

(자료 : 암의 사회경제적 부담산출 및 감축전략 방안개발, 국립암센터, 2013.12 / 단위 : 천원, %)

- **직접의료비** 급여진료비(입원진료비, 외래진료비), 비급여진료비(식대, 상급병실차액, 특진료 등)
- **직접비의료비** 교통비, 간병비, 보완대체요법 사용비용
- **이환손실** 외래이용 및 입원으로 손실된 작업일수에 대한 경제적 비용(소득상실)
- **사망손실** 사망하지 않았을 경우 69세까지 벌어들일 것으로 예상되는 미래 기대소득의 할인금액

point 01   암의 직접비용 보다 경제적 부담이 큰 간접비용

대부분의 암은 직접비용의 비중이 10~25% 내외인 반면, 간접비용이 75% 이상을 차지하기 때문에 치료비만으로는 부족합니다. 특히 암 환자가 주소득원일 경우 더욱 타격이 클 수 있습니다.

point 02   암종에 따라 크게 달라지는 치료비

비고형암의 경우 상대적으로 치료비가 많이 들고, 암종에 따라 다양한 비급여 치료비용이 발생할 수 있기 때문에 필요한 치료비를 산정하여 대비하는 것은 매우 어렵습니다.

point 03   암의 치료비 이외에 고려해야 할 다양한 비용

암의 재발이나 전이 등을 방지하기 위한 검진, 재활, 요양 등에 필요한 비용, 보장한도를 초과하는 고액 치료비용 등 다양한 비용에 대비하기 위해 진단비를 충분히 준비해야 합니다.

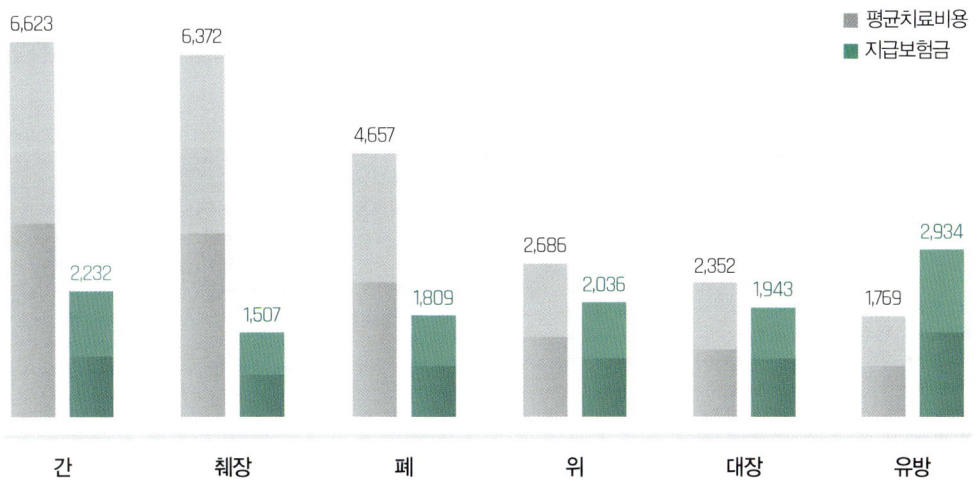

(자료 : 주요 암종별 총 치료비용, SNS 빅데이터로 본 암 환우와 가족들의 관심사, 한화생명, 2019.05 / 단위 : 만원)

QUESTION 03

저는 실손의료보험을 가입하고 있어요. 그럼 암에 걸려도 대부분의 병원비는 실손보험에서 보장받을 수 있는 것 아닌가요? 그런데 암보험을 또 가입할 필요가 있을까요?

실손의료보험의 변천

실손의료보험은 최초 '병원비가 없어서 치료를 못받는 사람은 없도록 하자'는 선의의 취지와 달리 과잉 진료로 인해 손해율이 악화되면서 4차례에 걸쳐 제도가 변경되었습니다.

1세대 실손보험 (2009. 10월 이전)	2세대 실손보험 (2017. 3월 이전)	3세대 실손보험 (2021. 6월 이전)	4세대 실손보험 (2021. 7월 이후)
치료비 중 급여와 비급여의 구분없이 본인부담금 100% 보장	병원 진료시 1회당 일정 금액의 자기부담 금제도 신설	과잉진료의 우려가 있는 3대 비급여 치료에 대해 특약으로 분리	비급여 의료이용량에 따라 보험료를 차등하는 할인·할증제 도입
100%	**90%**	**90%**	**80%**
급여 100% 비급여 100%	급여 90% 비급여 80%	급여 90% 비급여 80%	급여 80% 비급여 70%

point 01   실손의료보험은 직접의료비만 보장

실손의료보험은 진료비와 약제비, 수술비 등 직접의료비는 보상받을 수 있지만, 간병비, 교통비 등 직접비의료비나 소득상실 등의 간접비, 면역증가, 요양 등 치료목적 외 비용은 보상받을 수 없습니다.

point 02   실손의료보험의 본인부담금 급여 20%, 비급여 30%로 확대

암 치료의 특성상 고가의 비급여 치료 비중이 높기 때문에 본인부담금이 많을 수 있고, 경우에 따라 실손의료보험의 보장한도를 초과하여 부담해야 하는 경우도 발생할 수 있습니다.

point 03   실손의료보험 제도는 언제든지 변경 가능

현재까지 4차례의 제도 변경이 있었던 것과 같이, 앞으로도 실손의료보험 제도는 변경 가능하며, 현재와 같은 보상이 지속될 것이라 예측할 수 없기 때문에 별도의 대비가 필요합니다.

실손보험 위험손해율 추이

※ 2024년은 상반기 누적 자료임

(자료 : 건강보험 지속성을 위한 정책과제, 보험연구원, 2024.12 / 단위 : %)

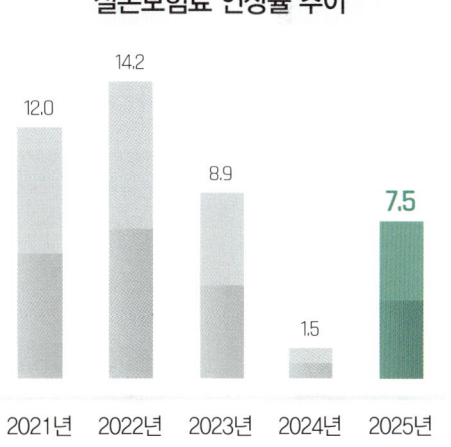

실손보험료 인상률 추이

※ 2024년은 상생금융 동참 차원에서 실손보험 인상률 1.5%로 결정

(자료 : 생명·손해보험협회, 2024.12 / 단위 : %)

보장설계시 이것만은 꼭 챙겨야 할
CONSULTING POINT

point 01

자신에게 맞는 맞춤형 보장 선택

성별, 나이, 가족력, 기저질환 여부 등에 따라 발생 위험률이 높은 암은 사람에 따라 달라집니다. 따라서 암 보장설계시 자신에게 위험률이 높다고 판단되는 암에 대한 보장을 강화한 맞춤형 설계가 필요합니다.

point 02

가입은 빨리, 보장기간은 길게

남성은 40대 이후에 위암, 대장암, 간암 등의 발생률이 급격히 증가하고, 여성은 40~50대에 유방암의 발생률이 급격히 증가합니다. 암보장은 빨리 대비해야 하고 대부분의 암이 퇴행성이므로 보장기간은 길게 하는 것이 바람직합니다.

point 03

전이와 재발을 포함한 보장범위 점검

어떤 암이 보장되는지, 검사부터 진단, 수술, 치료, 입원 등 단계별 보장은 가능한지, 재발이나 전이가 되었을 때 어떻게 보장되는지 등 보장범위를 꼼꼼하게 점검하여 가급적 보장범위가 넓은 보장설계를 선택해야 합니다.

point 04
암진단금은 최소한 가입 연도 연봉 이상
단순한 직접치료비 이외에 고가의 비급여 치료비용, 치료 기간 중의 소득상실, 최악의 경우 사망으로 인한 상실수익 등에 대비하여 암 진단금은 사망보험금 수준이 적절하며, 최소한 가입 연도 연봉 이상으로 대비해야 합니다.

point 05
암치료의 트렌드 변화를 반영한 보장 업그레이드
의료기술의 발달로 치료비용은 비싸지만 효과가 좋은 다빈치 로봇수술, 표적항암치료, 면역항암치료, 양성자치료, 중입자치료 등 새로운 치료기법에 대한 보장을 받을 수 있도록 업그레이드가 필요합니다.

point 06
'소액암'과 '유사암'의 보장 여부와 범위 체크
최근 발생률이 증가하고 있는 경계성종양, 제자리암, 기타피부암, 갑상선암 등의 유사암과 유방암, 자궁경부암, 자궁체부암, 전립선암, 방광암 등의 소액암에 대한 보장 여부와 보장 범위 등을 체크해야 합니다.

point 07
보험료의 갱신 여부 확인
여유가 있다면 초기보험료는 비싸지만 보험기간 중 보험료 변동이 없는 비갱신형으로, 여유가 없을 경우 나이가 들수록 보험료가 많아지지만 초기보험료가 저렴한 갱신형으로 대비하는 것이 바람직합니다.

point 08
갈아 타는 전략보다 추가하는 전략으로
기존에 가입하고 있던 암보험을 해지하고 새로운 암보험으로 갈아타는 전략보다는 기존 보험에서 보장하지 못하는 담보를 추가하거나, 보장금액을 늘려 추가로 가입하는 전략이 효과적입니다.

몰려 다니는 나쁜 친구
3高 질환

오늘 삼겹살에
소주 한 잔 어떠세요?

기쁜 일이 있거나 축하할 일이 있을 때,
혹은 슬픈 일이 있거나 위로가 필요할 때,
우리가 흔히 주고 받는 인사말입니다.

하지만 이러한 식습관으로 인해
우리나라의 많은 성인들이 안고 사는 질병이 있습니다.
바로 3대 성인병인 고혈압, 고혈당(당뇨), 고지혈증입니다.
한 가지가 발병하면 이내 다른 질병을 유발하기 때문에
몰려 다니는 나쁜 친구, 3고 질환(쓰리고 질환)이라고 부릅니다.

쓰리고 질환 환자는 암, 심혈관 질환, 뇌혈관 질환 등
치명적인 질병의 발생 가능성이 정상인보다 더 높습니다.

따라서 고혈압, 고혈당(당뇨), 고지혈증은 질환 자체의 위험성 보다는
많은 분들이 앓고 있는 흔한 질병이라는 점과
치명적인 질병의 원인 질환이 될 수 있다는 점에
초점을 맞추어 보장설계를 하는 것이 바람직합니다.

3고(高) 질환 보장설계를 위한 기본 재료
INGREDIENTS

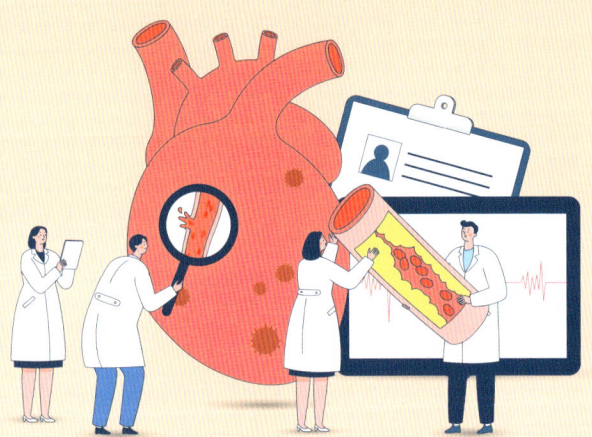

1 · 혈관 질환의 시작, 죽상경화
2 · 3高 질환 ❶ 고혈압
3 · 3高 질환 ❷ 고혈당(당뇨)
4 · 3高 질환 ❸ 고지혈증
5 · 몰려 다니는 나쁜 친구, 3高 질환
6 · 3高 질환의 치료 방법
7 · 3高 질환의 나비효과, 합병증

1. 혈관 질환의 시작, 죽상경화

죽상경화는 혈관벽에 콜레스테롤 등 지방찌꺼기가 쌓여 혈관이 점점 딱딱해지고 굳어져서 탄력을 잃는 질환입니다. 고혈압, 고혈당(당뇨), 고콜레스테롤혈증, 가족력, 과체중 및 복부비만 등 다양한 위험인자가 복합적으로 작용해 혈관벽 내부에 콜레스테롤이 침착되면 세포 증식이 일어나고 죽처럼 물컹한 죽종이 발생합니다. 그로 인해 혈관이 좁아지거나 막혀 혈류 장애가 생기는데, 뇌혈관 질환과 심혈관 질환을 유발할 수 있습니다. 죽상경화와 동맥경화를 혼합하여 죽상동맥경화로 부르기도 합니다.

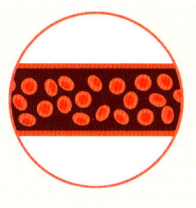
정상
(Normal)

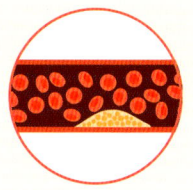
지방선조
(Fatty Streak)

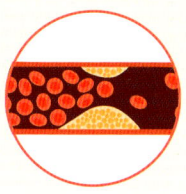
플라크:죽상경화반
(Plaque)

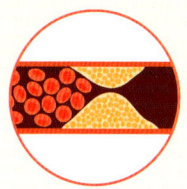
혈관 막힘
(Blocked Artery)

죽상경화를 잘 보여주는 실험

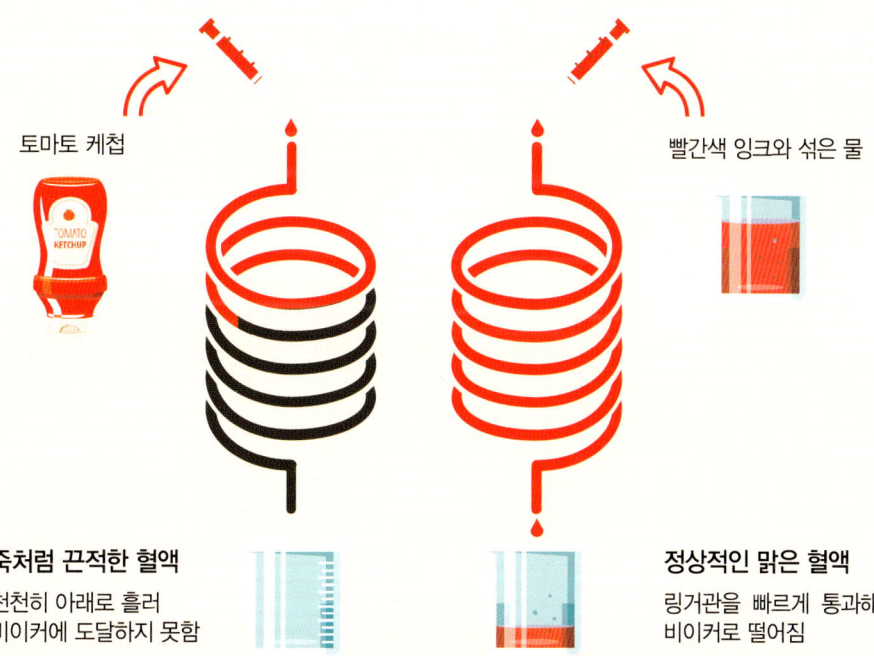

토마토 케첩

빨간색 잉크와 섞은 물

죽처럼 끈적한 혈액
천천히 아래로 흘러
비이커에 도달하지 못함

정상적인 맑은 혈액
링거관을 빠르게 통과해
비이커로 떨어짐

2. 3高 질환 ❶ 고혈압

혈압이란?

혈압은 심장의 수축과 이완에 따라 혈관에 혈액이 흐르는 압력을 뜻합니다. 혈압을 측정하는 단위는 수은주 밀리미터(mmHg)이며, 해수면에서 정상적인 대기압인 760mmHg와 비교하여 표현합니다. 혈압이 0mmHg라면 대기압과 같은 압력이고, 100mmHg라면 대기압보다 100mmHg 높다는 것입니다.

고혈압 판단 기준

- **수축기 혈압** 심장이 수축하면서 혈액을 내보낼 때 받는 압력
- **이완기 혈압** 심장이 확장하면서 피를 받아들일 때 받는 압력
- **정상 혈압** 수축기 120mmHg 이하, 이완기 혈압 80mmHg 이하
- **고혈압** 수축기 140mmHg 이상, 이완기 혈압 90mmHg 이상
- **저혈압** 수축기 90mmHg 이하, 이완기 혈압 60mmHg 이하

또 하나의 혈압, 맥압

- **맥압** 수축기와 이완기의 혈압 차이
- 나이가 들면서 혈관이 딱딱해지면 수축기 혈압은 올라가고, 이완기 혈압은 떨어지면서 맥압 증가
- **정상 맥압** 34~45mmHg (20~50대 45mmHg, 60대 50mmHg)
- 맥압 60mmHg 초과시 혈관합병증 발생가능성이 높아 위험 증가

(단위 : mmHg)

맥압	혈관위험 경계	정상	혈관탄력 저하	동맥경화
	34	45	60	

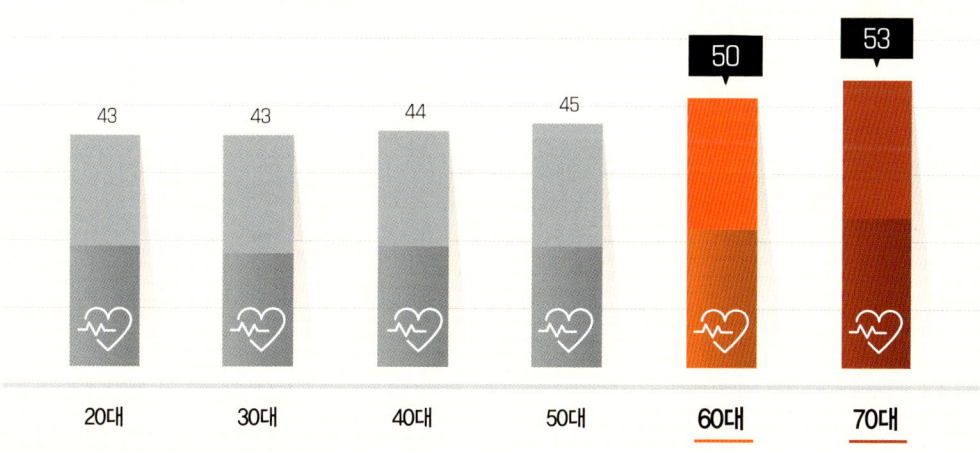

| 연령별 평균 맥압 |

20대 43 / 30대 43 / 40대 44 / 50대 45 / 60대 50 / 70대 53

(자료 : 국민건강보험공단, 2014 / 단위 : mmHg)

3. 3高 질환 ❷ 고혈당(당뇨)

혈당이란?

혈당은 혈액 속에 함유된 포도당을 의미하며, 데시리터당 밀리그램(mg/dL)으로 측정합니다. 간과 췌장을 중심으로 각종 호르몬의 상호작용을 통하여 당의 소비와 균형을 맞추어 적절한 혈당이 유지됩니다.

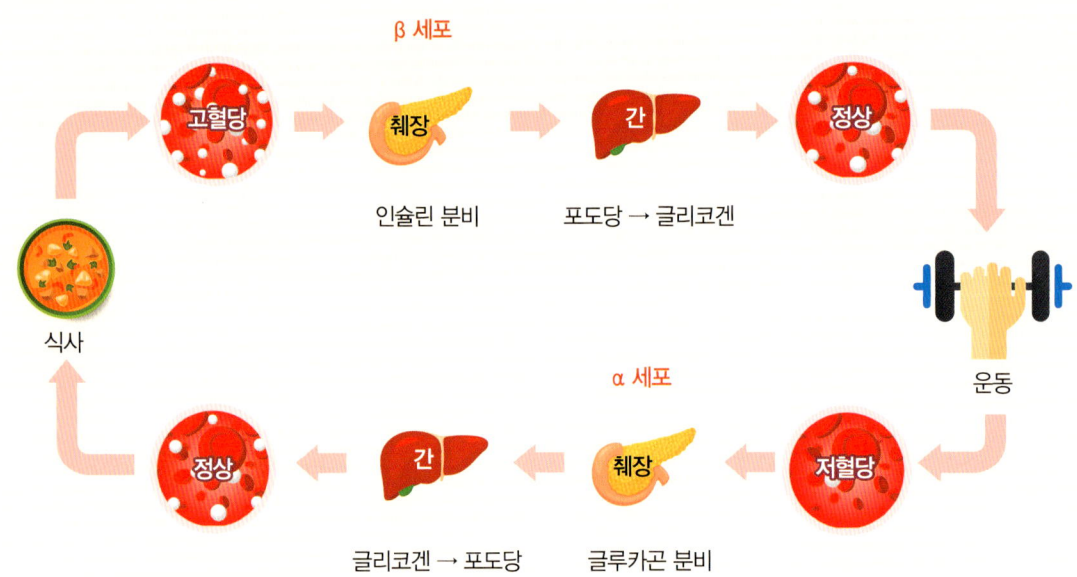

고혈당의 판단 기준

- **공복혈당** 전날 저녁식사 이후 최소 8~12시간 동안 물 이외는 금식한 상태에서 측정한 혈당
- **식후혈당** 식후 2시간 후 측정한 혈당
- **당화혈색소** 적혈구 속 헤모글로빈(혈색소) 중 포도당과 결합된 상태로 존재하는 혈색소

(단위 : 혈당 mg/dL, 당화혈색소 %)

당뇨병의 종류

구분	제1형 당뇨병	제2형 당뇨병
원인	췌장의 베타세포 파괴	인슐린의 저항성 증가(유전적/환경적 요인)
발생 연령	소아 및 젊은 연령(30세 이전)	성인(일반적으로 40세 이후)
비만 연관성	적음(주로 마른 체격)	있음(주로 과체중)
발병 양상	갑자기 발병	서서히 진행
인슐린 분비	완전 결핍	상대적 결핍(소량 분비, 작용 장애)
인슐린 치료	외부 인슐린 주입 치료 필요	식사요법, 경구약제, 인슐린 주입

(자료 : 당뇨병, 습관을 바꾸면 극복할 수 있다, 대한당뇨병학회)

4. 3高 질환 ❸ 고지혈증

고지혈이란?

혈액 중 지질의 일종인 콜레스테롤(Cholesterol)이나 중성지방(Triglyceride)의 양이 정상수치보다 많은 상태를 말합니다. 과다한 양의 지질이 혈액 내에 있을 경우 지방성분이 동맥벽에 침착되어 혈관이 좁아지게 되고, 그에 따라 심장과 뇌에 혈관질환의 발생위험이 높아집니다.

콜레스테롤의 이해

콜레스테롤은 세포막의 구성 성분이고, 소화액인 담즙을 만드는데 사용되며, 각종 스테로이드 호르몬과 뼈를 튼튼하게 만드는 비타민 D를 만드는 재료가 되므로 우리 몸에 꼭 필요한 물질입니다. 전체 콜레스테롤의 30%는 음식 섭취를 통해 흡수되고, 나머지 70%는 간에서 생성합니다.

지단백	Lipoprotein. 콜레스테롤은 물에 녹지 않기 때문에 혈액과 섞여 운반되기 쉽도록 물과 친화력이 있는 단백질과 결합한 지방단백질의 형태
LDL	Low Density Lipoprotein. 콜레스테롤을 전신 조직으로 운반하기 위한 저밀도 지단백으로, 혈액중 LDL이 지나치게 많으면 혈관에 침착해 동맥경화 유발
HDL	High Density Lipoprotein. 조직에 있는 여분의 콜레스테롤을 제거해 다시 간으로 되돌려 보내는 고밀도 지단백으로 콜레스테롤을 회수함으로써 동맥경화 방지
중성지방	음식물의 당질과 지방산 중 충분히 소비되지 못한 잉여분이 간에서 합성되는 지방으로 대부분 내장지방으로 저장되기 때문에 복부비만과 대사증후군의 원인
총콜레스테롤	총콜레스테롤은 'LDL + HDL + (중성지방/5)'로 계산. 총콜레스테롤 수치의 높고 낮음도 중요하지만, 각각의 요소의 비중을 함께 판단

고지혈증의 판단 기준

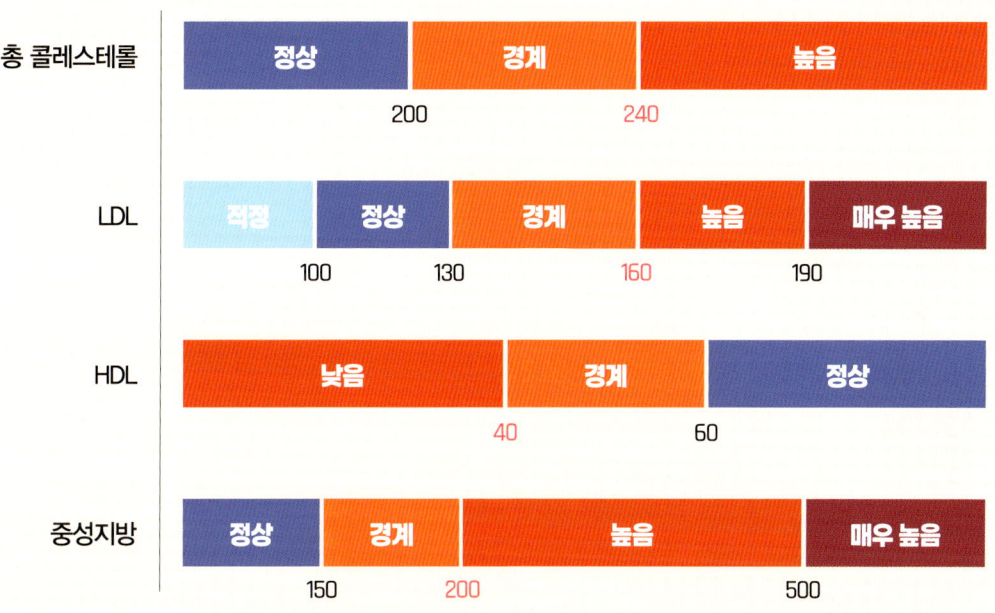

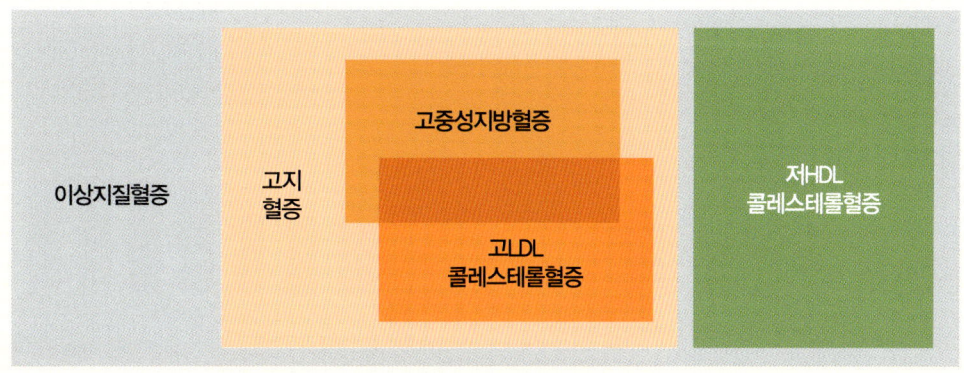

5. 몰려다니는 나쁜 친구, 3高 질환

3고 질환은 비만, 가족력, 음주, 흡연, 스트레스, 생활습관 등 발병원인이나 위험인자가 비슷하고, 혈관질환으로 상당한 상관관계를 가지고 있습니다. 때문에 하나의 질환이 발병할 경우 다른 질환의 발생 가능성이 높아서, 빠르게 치료하고 조절하지 못할 경우 결국 3고 질환 모두를 앓는 경우가 많습니다.

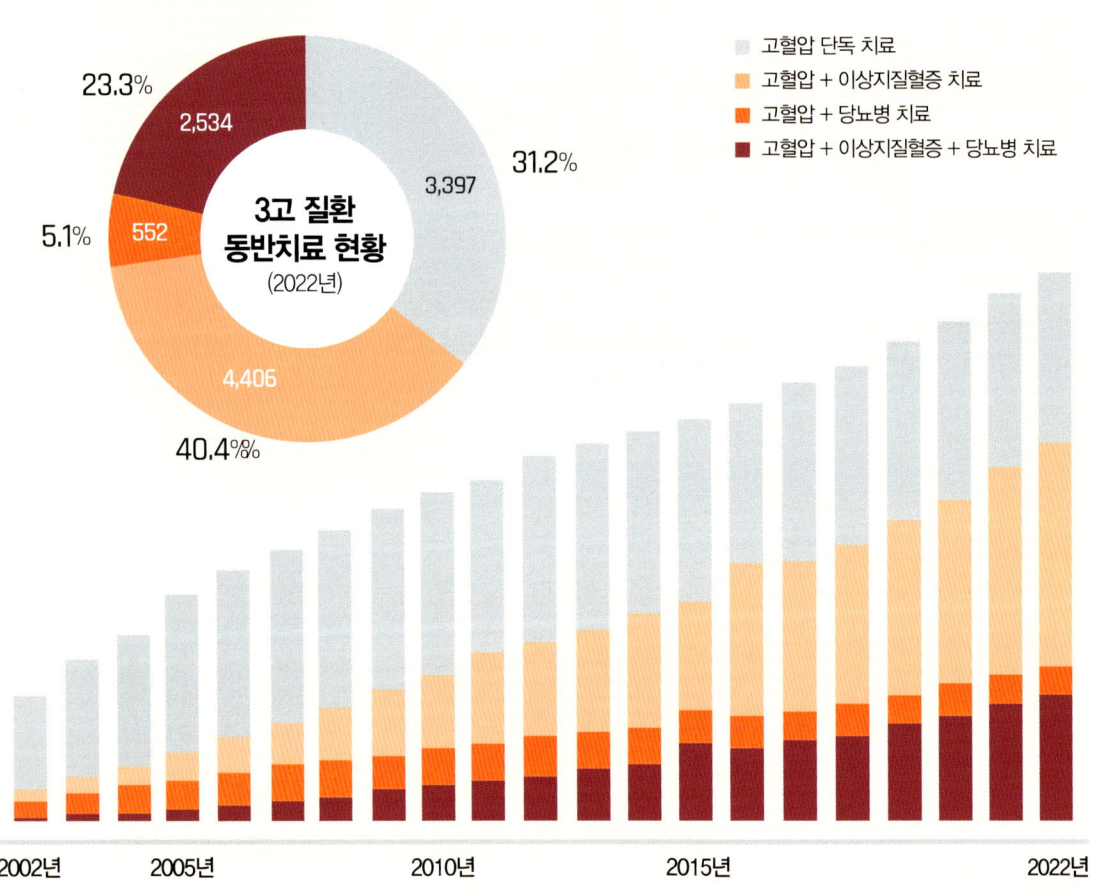

(자료 : Korea Hypertention Fact Sheet 2024, 대한고혈압학회, 2024.11 / 단위 : 천명, %)

6. 3高 질환의 치료방법

고혈압 치료제

고혈압은 원인을 알 수 없는 본태성 고혈압이 상당 부분을 차지하고 있지만, 고혈압이 발생하는 기능적 원리에 따라 해당 기능을 억제하는 치료제가 사용됩니다.

❶ 심장
- 원인 : 심장이 빨리 뛰거나 세게 뛰어서 혈압 상승
- 베타차단제 : 심장의 심박수를 낮추고 심근수축력을 감소시켜 혈압 강하

❷ 혈관
- 원인 : 혈액이 흐르는 길, 즉 혈관의 넓이가 좁아져서 혈압 상승
- 칼슘차단제 : 심장과 혈관을 수축시키는 칼슘의 작용을 억제하여 혈압 강하

❸ 혈액량
- 원인 : 혈액의 양이 많아져 혈압 상승, 주요 원인은 염분의 과다 섭취
- 이뇨제 : 신장에서 나트륨과 물 배설을 통해 혈액량을 줄여 혈압 강하

❹ 호르몬
- 원인 : 염분을 흡수하고 혈관 넓이를 관장하는 '안지오텐신'의 활성화로 혈압 상승
- ACE억제제 : 안지오텐신의 생성 억제 / ARB : 안지오텐신 수용체 차단

다빈도처방 고혈압약 TOP 10

순위	약제명	비고	순위	약제명	비고
1	트윈스타 정	❷+❹ 복합제	6	카나브 정	❹ 단일제
2	아모질탄 정	❷+❹ 복합제	7	텔미누보 정	❷+❹ 복합제
3	엑스포지 정	❷+❹ 복합제	8	딜라트렌 정	❶ 단일제
4	노바스크 정	❷ 단일제	9	디오반 정	❹ 단일제
5	세비카 정	❷+❹ 복합제	10	세비카HCT 정	❶+❸+❹ 복합제

(자료 : 헬스케어 뉴스허브 히트뉴스)

고지혈증 치료제

스타틴	• **원인** : 콜레스테롤이 합성되는 것을 방해해 혈중 콜레스테롤 감소 • **치료제** : 크레스토, 리피토, 조코, 매바로친, 로바스탄, 레스콜, 리바로
피브레이트	• **원리** : 중성지방 합성을 억제하고, LDL 분해를 증가시켜 혈중 콜레스테롤 감소 • **치료제** : 배자립, 페노시드, 리파놀, 아트로미드에스, 리피딜슈프라, 브로질
에제티미브	• **원리** : 소장에서 콜레스테롤이 흡수되는 것을 억제하여 혈중 콜레스테롤 감소 • **치료제** : 이지트롤(단일제), 바이토린(복합제)
콜레스티라민	• **원리** : 담즙산과 결합하여 콜레스테롤이 재흡수되지 않고 변으로 배설 유도 • **치료제** : 퀘스트란
니코틴산	• **원리** : 간에서 콜레스테롤의 합성을 억제, LDL 합성을 감소시키는 효과 • **치료제** : 로콜, 엑스립
오메가3 지방산	• **원리** : 중성지방 합성 효소 억제 및 지단백 분해를 돕는 효소의 활성 증가 • **치료제** : 오마코

당뇨병 치료제

인슐린	• 작용시간에 따라 초속효성, 속효성, 중시간형, 지속형, 혼합형으로 구분 • 피하로 직접 주사하는 방법과 인슐린 펌프로 주입하는 방법 사용
경구용 혈당강하제	• 먹는 치료제로 인슐린 분비 촉진, 인슐린 작용 개선, 포도당 배출 증진 • 바이구아나이드계, 설포닐우레아계, 메글리타나이드계, 치아졸리딘디온계 등
주사용 혈당강하제	• 주사형태로 투여되는 당뇨병 치료제로 인슐린 분비를 촉진하여 혈당 조절 • GLP-1효능제

7. 3高 질환의 나비효과, 합병증

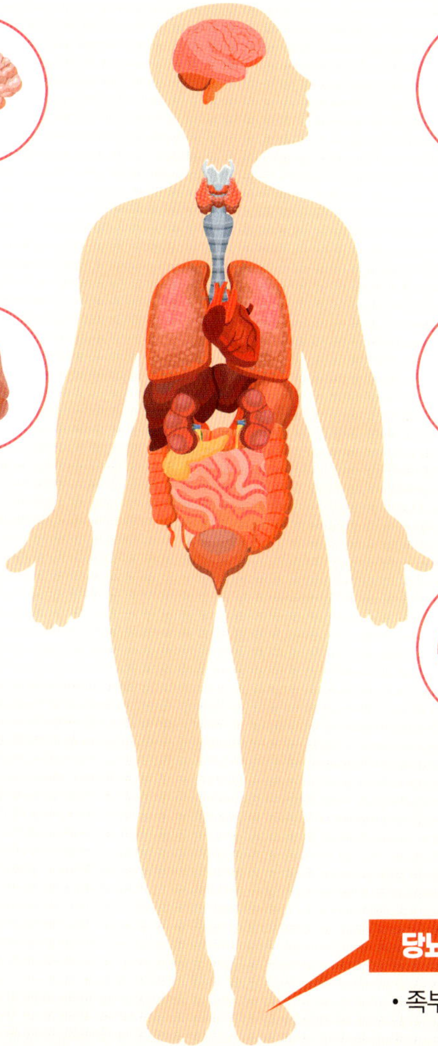

뇌질환
- 뇌졸중 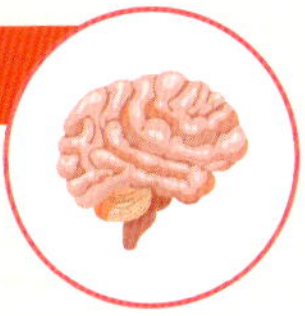
- 일과성 뇌허혈발작
- 치매

안질환 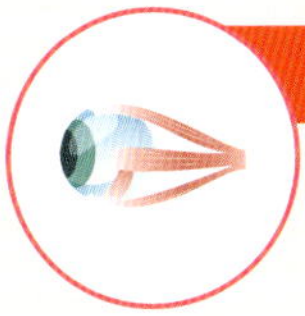
- 망막혈관 손상
- 시신경 손상
- 시력저하
- 실명

혈관질환 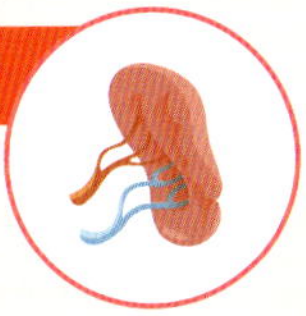
- 동맥경화
- 죽상경화
- 대동맥류

심장 질환 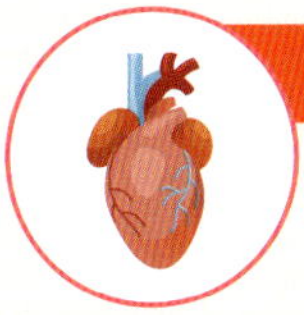
- 관상동맥질환
- 심부전
- 좌심실비대증

기타 질환
- 성기능장애
- 골다공증
- 수면장애
- 말초혈관질환

신장질환 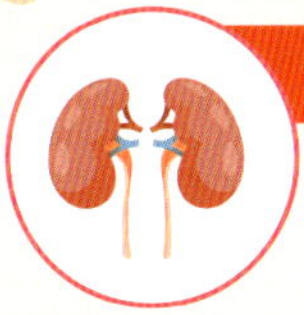
- 신부전
- 신장 부종

당뇨병성 족부병변
- 족부궤양 / 족부절단

3高 질환 ❶

고혈압
Hypertension

성인 3분의 1이 앓는 병

비만의 기준을
알고 계신가요?

STEP 01

비만의 기준을 알고 계신가요?

비만은 체질량지수(BMI)로 판단하며, BMI 25 이상을 비만으로 정의합니다. 복부비만의 판단 기준은 허리둘레로, 남자 90cm(35.5인치), 여자는 85cm(33.5인치) 이상이면 복부비만입니다.

$$BMI = \frac{체중(kg)}{키(m) \times 키(m)}$$

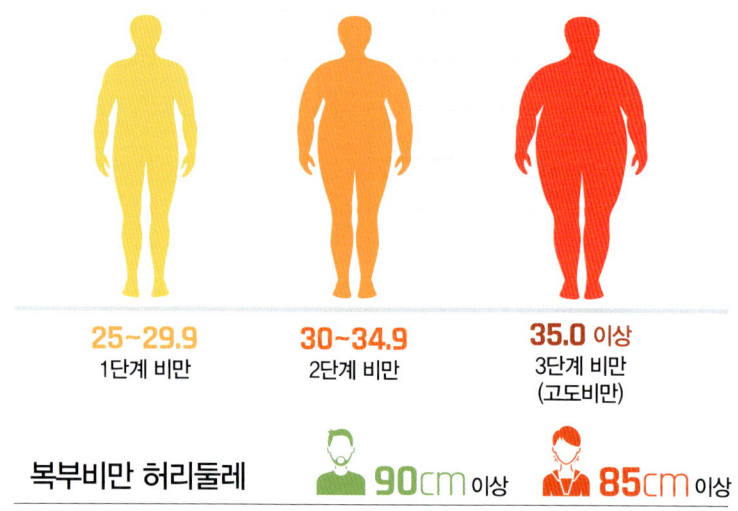

(자료 : 질병관리청 국가건강정보포털 / 단위 : BMI)

STEP 02

비만인 경우 정상인에 비해 고혈압 발생위험이 높습니다.

고혈압의 위험인자 중 가장 대표적인 것이 비만입니다. 비만 단계가 진행할수록 정상 체중인 사람에 비해 고혈압이 동반될 위험이 남녀 각각 2.5배, 4배 더 높습니다. 당뇨나 고지혈증 등 대사질환이 있는 경우 고혈압 발생위험이 30~40% 정도 증가합니다.

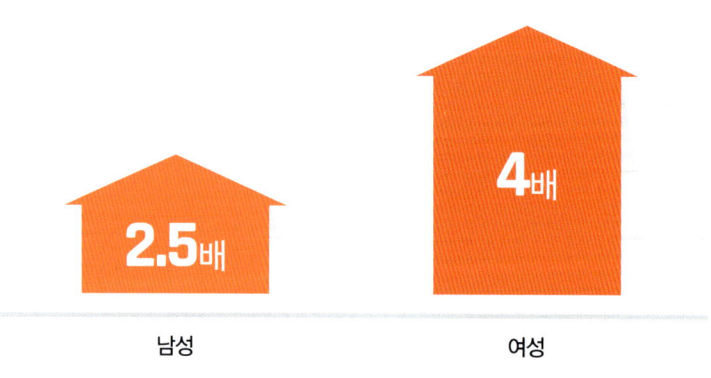

(자료 : 질병관리청 국가건강정보포털)

우리나라 30세 이상 성인 3명 중 1명은 고혈압 환자입니다.

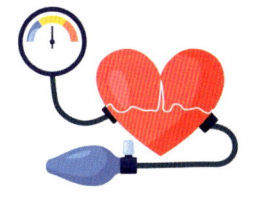

고혈압 추정 유병자

1,300 만명

 36.1%   31.3%

(자료 : 2023 국민건강통계, 질병관리청, 2024.12)

STEP 03

2023년 기준 우리나라의 고혈압 추정 유병자는 1,300만명으로 남자와 여자 모두 성별에 관계없이 30세 이상 성인 3명 중 1명은 고혈압 환자이고, 주변에서 흔히 볼 수 있는 질병입니다.

남성의 유병률은 소폭 감소, 여성은 소폭 증가하는 추세입니다.

(자료 : 2023 국민건강통계, 질병관리청, 2024.12 / 단위 : %)

STEP 04

직전 5년간 고혈압 유병률은 소폭으로 증가 또는 감소하며 일정 수준을 유지하고 있습니다. 남자는 36.1%로 전년 대비 2.4% 포인트 하락하였고, 여성은 31.3 %로 0.1% 포인트 상승하였습니다.

STEP 05

고혈압 환자는
지속적인 증가 추세를 보이고 있습니다.

고혈압 유병률은 큰 변화없이 소폭 증감하는데 반해, 유병자는 꾸준히 증가하고 있습니다. 고혈압은 특성상 한번 발병하면 완치되는 것이 아니라 평생 관리해야 하기 때문입니다.

남자는 65세 미만이 465만 8천여 명으로 전체의 65.1%, 여자는 252만 2천명으로 43.1%를 차지하고 있습니다.

65세 이상 노인 환자는 상대적으로 평균수명이 긴 여성이 더 많고, 남녀 모두 꾸준한 증가 추세를 나타내고 있습니다.

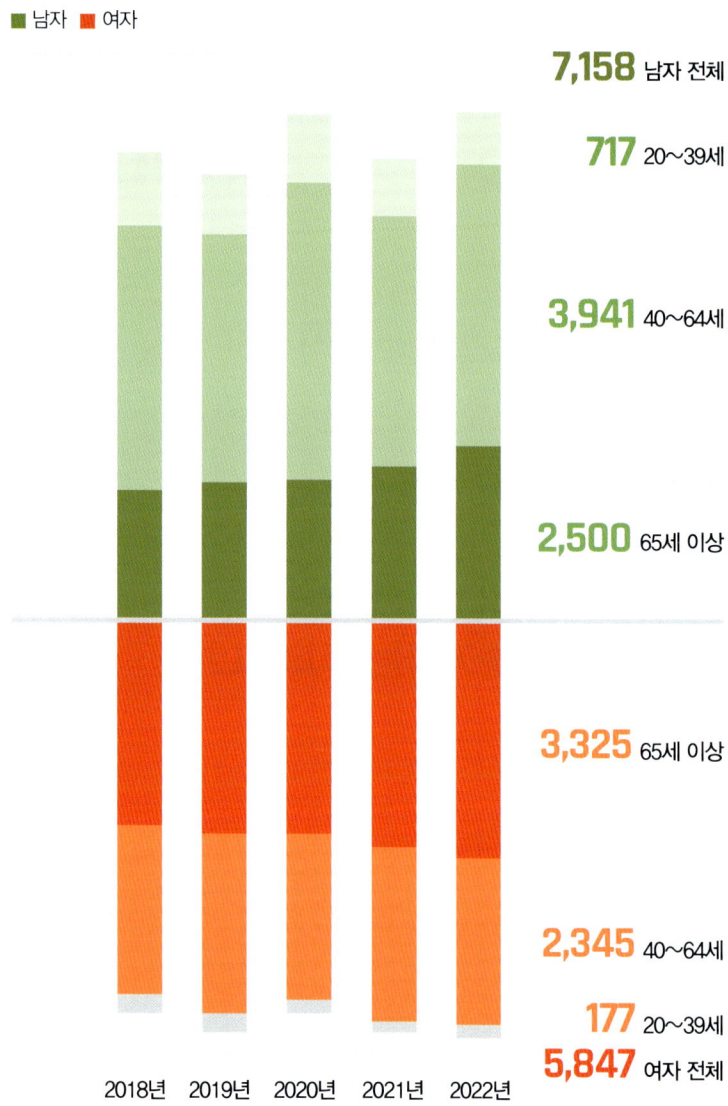

■ 남자 ■ 여자

7,158 남자 전체
717 20~39세
3,941 40~64세
2,500 65세 이상

3,325 65세 이상
2,345 40~64세
177 20~39세
5,847 여자 전체

2018년 2019년 2020년 2021년 2022년

(자료 : Korea Hypertention Fact Sheet 2024, 대한고혈압학회, 2024.11 / 단위 : 천명)

남성은 나이들수록, 여성은 중년 이후에 위험합니다.

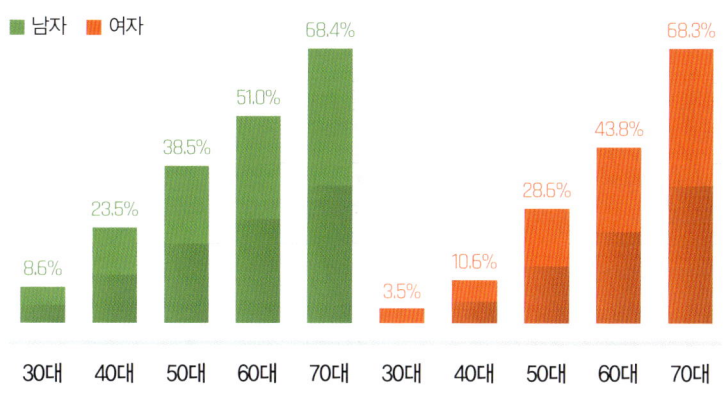

(자료 : 2023 국민건강통계, 질병관리청, 2024.12)

STEP 06

성별, 연령별 유병자 분포를 살펴보면, 성별로 차이가 있음을 알 수 있습니다. 남성은 나이가 들수록 환자가 꾸준히 증가하는 반면, 여성의 경우는 50대 이후 급격히 증가하는 형태입니다. 남성은 젊을 때부터, 여성은 중년 이후에 위험이 증가하는 점을 고려한 준비가 필요합니다.

고혈압 환자의 10명 중 4명은 조절을 못하는 것이 현실입니다.

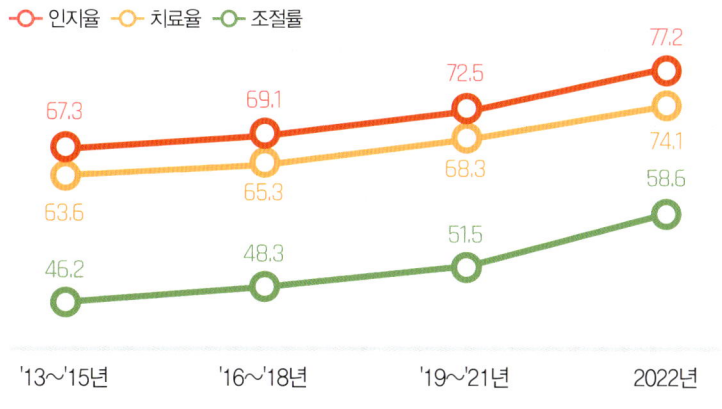

(자료 : Korea Hypertention Fact Sheet 2024, 대한고혈압학회, 2024.11 / 단위 : %)

STEP 07

고혈압환자의 인지율은 77.2%, 치료율은 74.1%로 고지혈증이나 당뇨병에 비해 상대적으로 높습니다. 하지만 조절률은 58.6%로 환자 10명 중 4명은 조절을 못하고 있는 것이 현실입니다.

STEP 08

뇌혈관 질환의 가장 중요한 원인은 고혈압입니다.

우리가 흔히 뇌졸중 또는 중풍이라 부르는 뇌혈관 질환의 위험인자 중 가장 위험한 것이 남녀 공히 고혈압입니다. 때문에 고혈압은 해당 질병 자체의 치료보다는 향후 뇌혈관 질환의 원인이 될 수 있다는 점에 초점을 맞춘 컨설팅이 필요합니다.

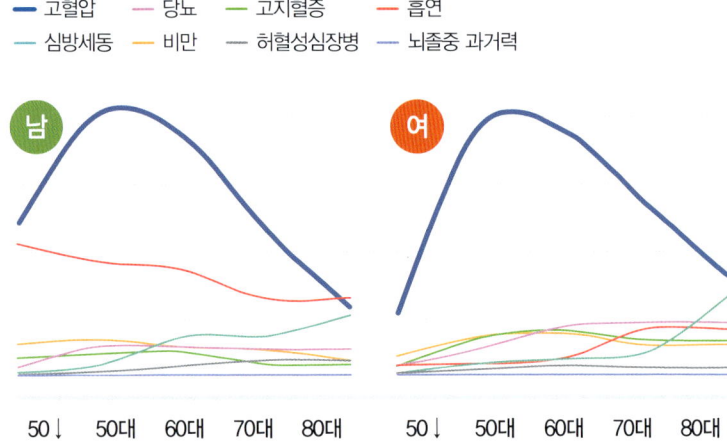

(자료 : 고혈압표준교육슬라이드, 대한고혈압학회, 2020)

STEP 09

혈압이 낮아지면 중대질병의 위험도 낮아집니다.

평균 수축기 혈압이 2mmHg 감소할 때 마다 허혈성 심장병의 발생위험은 7%, 뇌졸중의 발생위험은 10% 감소합니다. 혈압을 낮출 수 있는 다이어트는 외모가 아니라 건강을 위해서도 매우 중요합니다.

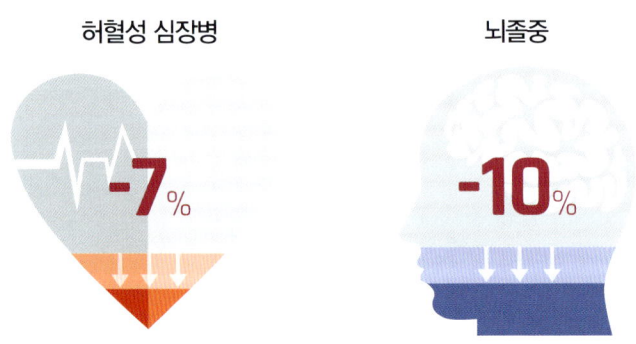

(자료 : 고혈압표준교육슬라이드, 대한고혈압학회, 2020)

Epilogue

체중조절의 이유,
외모가 아니라 건강입니다.

보장설계 프로세스를 한 눈에
CONSULTING MAP

01 비만의 기준을 알고 계신가요?
체질량지수 25~29.9 1단계 비만, 35 이상 고도비만, 허리둘레 남자 90cm, 여자 85cm 이상 복부비만

02 비만인 경우 고혈압 발생위험 증가
비만인 경우 남성 2.5배, 여성 4배 고혈압 발생 위험 증가

08 뇌혈관 질환의 가장 중요한 원인, 고혈압
뇌혈관 질환 위험인자 중 가장 위험한 것은 남녀 공히 고혈압

07 고혈압 환자 10명 중 4명은 조절 못하는 현실
인지율과 치료율은 상대적으로 높지만 조절률은 약 60% 수준에 불과

09 혈압이 낮아지면 중대질병 위험도 감소
평균 수축기 혈압이 2mmHg 낮아지면 허혈성 심장병 발생위험 7%, 뇌졸중은 10% 감소

EPILOGUE
체중조절의 이유, 외모가 아니라 건강입니다.

03
30세 이상 성인 3명 중 1명은 고혈압 환자

2023년 추정 유병자 1,300만명 (33.6%)

04
남성 유병률은 소폭 감소, 여성 유병률은 소폭 증가

고혈압 유병률은 큰 변화가 없으며, 남성은 36%대, 여성은 31%대

06
남성은 나이들수록 여성은 중년 이후에 위험

남성은 나이가 들수록 환자수 꾸준히 증가, 여성은 50대 이후 급격히 증가

05
고혈압 환자는 지속적인 증가 추세

유병률은 큰 변화없지만 유병자는 지속 증가 추세, 남자는 중년층, 여자는 노인층 비중 높음

3高 질환 ❷

고혈당(당뇨병)
Diabetes mellitus

합병증이 더 무서운 병

제주도에 많은 세 가지는 무엇일까요?

STEP 01

당뇨병의 또 다른 이름은 삼다(三多)병입니다.

당뇨병의 가장 대표적인 증상은 소변을 많이 보는 '다뇨', 물을 많이 마시는 '다음', 음식을 많이 먹는 '다식'입니다. 때문에 당뇨병을 '삼다증'이라고 합니다. 이유없는 피로감이나 체중감소, 피부질환, 치주염 등의 전조증상도 가볍게 생각하지 말고 주의를 기울여야 합니다.

(자료 : 질병관리청 국가건강정보포털)

STEP 02

당뇨병 환자의 대부분은 제2형 당뇨병입니다.

2023년 당뇨병 환자의 85.6%는 제2형 당뇨병이고, 제1형 당뇨병 환자는 1.2%에 불과합니다. 대부분의 당뇨병은 유전적 요인 보다 식습관이나 생활습관 등 후천적인 요인에 의해 발생한다는 것을 나타내는 것이라고 할 수 있습니다.

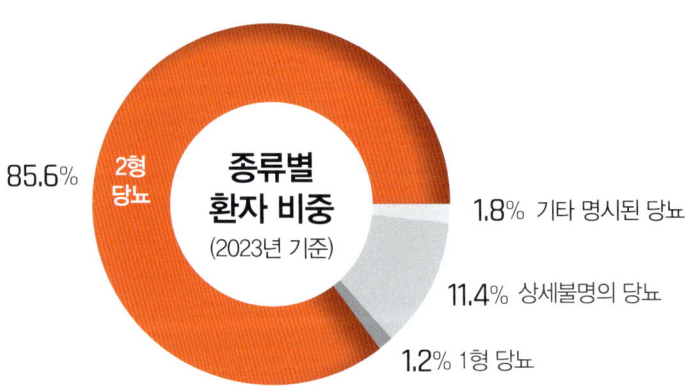

(자료 : 보건의료빅데이터개방시스템, 질병 소분류(3단상병) 통계, 2024.12)

만 30세 이상 성인
7명 중 1명은 당뇨병 환자입니다.

STEP 03

당뇨병 유병자(30세 이상)

492.2만명

18.1%   12.7%

(자료 : 2023 국민건강통계, 질병관리청, 2024.12)

2023년 기준 30세 이상의 당뇨병 유병자는 492만 2천여 명으로, 성인 7명 중 1명은 당뇨병 환자입니다. 남자는 5.5명 중 1명, 여자는 8명 중 1명으로 상대적으로 남성의 유병률이 더 높습니다.

당뇨병의 유병률은
최근 소폭 증가하는 추세입니다.

STEP 04

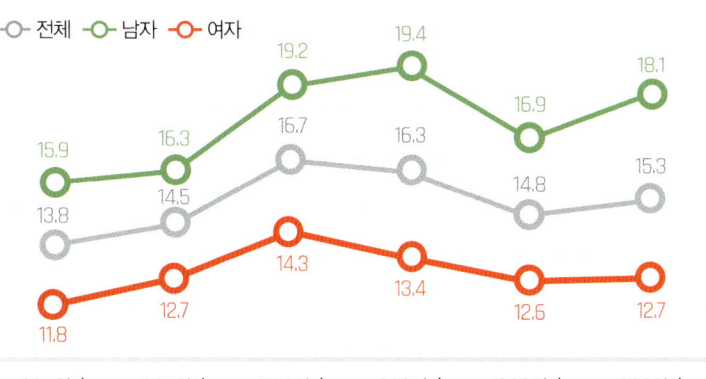

(자료 : 2023 국민건강통계, 질병관리청, 2024.12 / 단위 : %)

당뇨병 유병률은 2021년부터 감소 추세를 보였으나 최근 소폭 증가한 것으로 나타났습니다. 남자의 유병률이 여자보다 높고, 남녀 모두 2023년 유병률이 증가 추세로 전환되면서, 전체 유병률은 15%대로 소폭 상승했습니다.

STEP 05

남성은 40~50대에, 여성은 60대 이후에 더 위험합니다.

2023년 성별, 연령별 당뇨병 유병률을 살펴보면, 모든 연령에서 남성이 높습니다. 특히 40~50대에는 남성이 여성에 비해 상대적으로 월등히 높아 주의가 필요하고, 여성은 60대 이후 급격히 증가해 남성과 비슷해지기 때문에 60대 이후 더 주의해야 합니다.

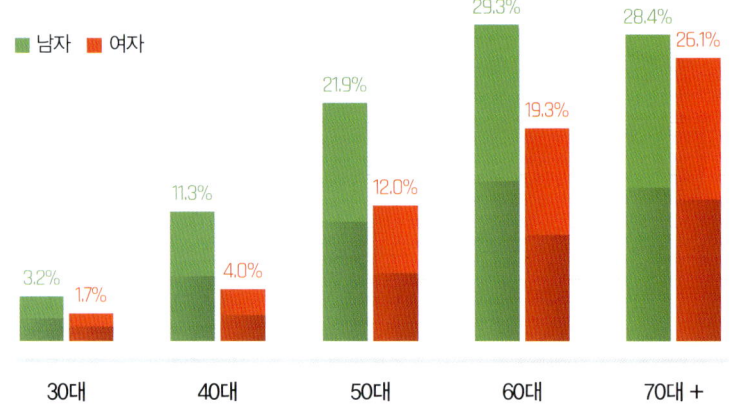

(자료 : 2023 국민건강통계, 질병관리청, 2024.12)

STEP 06

당뇨병의 조절률은 3고 질환 중 가장 낮습니다.

당뇨병의 조절률은 30%대로, 50%대인 고혈압과 이상지질혈증에 비해 절반 수준으로 낮습니다. 최근에는 인지율과 치료율, 조절률이 크게 상승하는 추세를 보이고 있지만, 당뇨병 환자 3명 중 1명만 조절에 성공하고 있는 현실입니다.

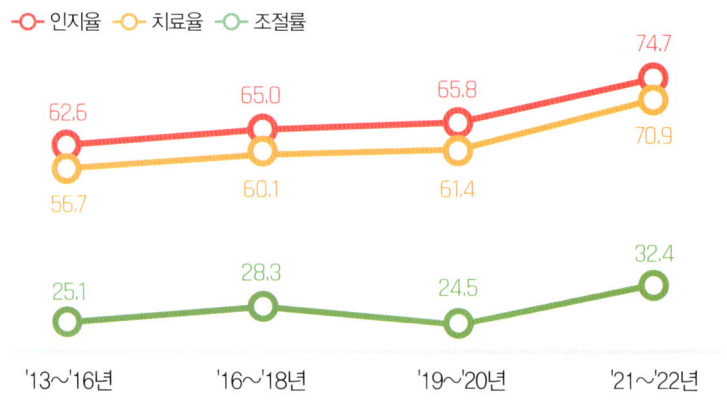

(자료 : 2018, 2020, 2022, 2024 당뇨병 팩트시트, 대한당뇨병학회, 2024.10 / 단위 : %)

당뇨병 환자의 절반 이상은 비만 또는 복부비만입니다.

STEP 07

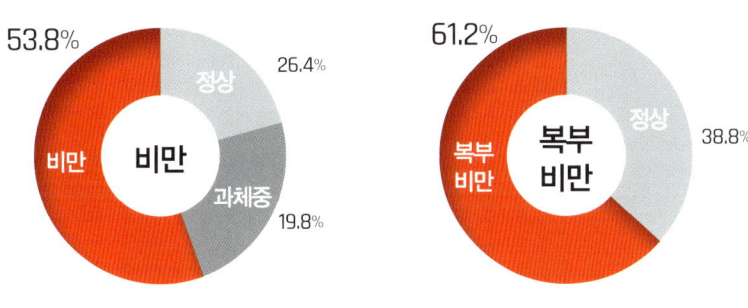

(자료 : 2024 당뇨병 팩트시트, 대한당뇨병학회, 2024.10)

2021~2022년 통합 기준 당뇨병 환자 중 53.8%는 비만, 61.2%는 복부비만 환자입니다. 비만 또는 복부비만인 경우 당뇨병의 발생률이 높아질 수 있고, 특히 여성에게서 복부비만율이 더 높기 때문에 주의가 필요합니다.

당뇨병을 유발하는 위험한 생활습관이 있습니다.

STEP 08

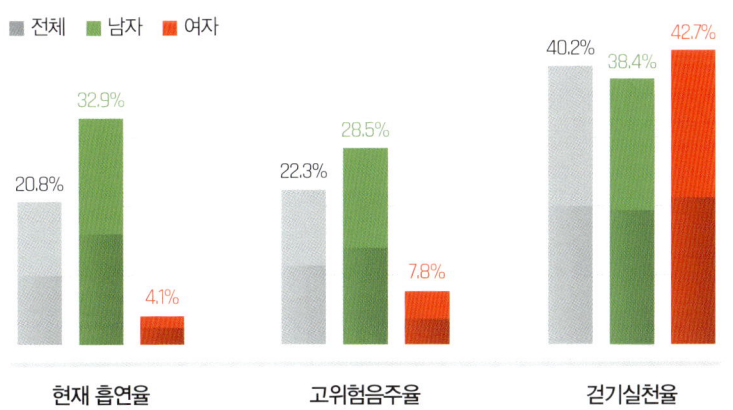

(자료 : 2024 당뇨병 팩트시트, 대한당뇨병학회, 2024.10)

2021~2022년 통합 기준 당뇨병 환자 5명 중 1명은 현재 흡연을 하고 있고, 1회당 남자 7잔, 여자 5잔 이상을 주 2회 이상 음주하는 고위험 음주를 하고 있습니다. 1일 총 30분 이상, 주 5일 이상 걷기실천율은 40%를 상회하는 수준입니다.

STEP 09

당뇨병 환자의 44.5%는 고혈압과 고지혈증을 함께 앓고 있습니다.

2021~2022년 통합 기준 30세 이상 당뇨병 환자의 44.5%는 고혈압과 고지혈증, 즉 3고 질환을 함께 앓고 있습니다. 3고 질환을 함께 몰려 다니는 나쁜 친구로 비유한 이유입니다. 65세 이상 환자의 3가지 질환의 동반 유병율은 훨씬 높아지고, 여자가 남자에 비해 더 높게 나타나고 있습니다.

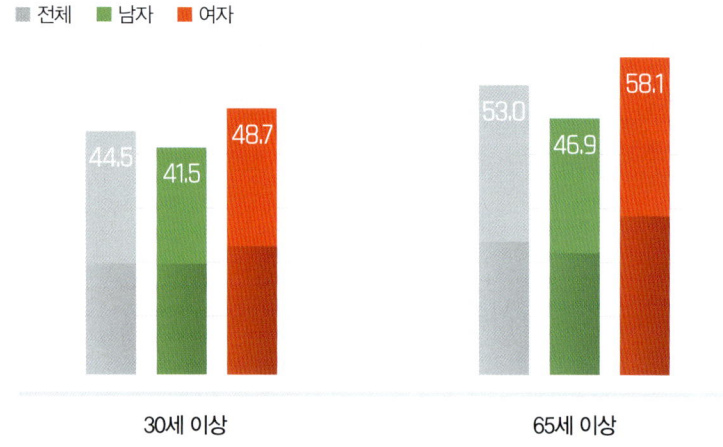

	전체	남자	여자
30세 이상	44.5	41.5	48.7
65세 이상	53.0	46.9	58.1

(자료 : 2024 당뇨병 Fact Sheet, 대한당뇨병학회, 2024.10 / 단위 : %)

STEP 10

당뇨병은 혈관합병증이 더 무서운 병입니다.

당뇨병은 합병증이 더 무서운 병으로 알려져 있습니다. 당뇨병이 있을 경우 정상인에 비해 심근경색증 발병률은 1.59배, 허혈뇌졸중은 1.70배, 말기신질환은 4.95배 더 높습니다.

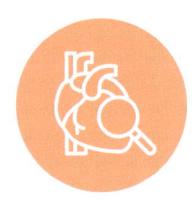
심근경색증 1.59배

허혈뇌졸중 1.70배

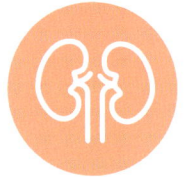
말기신질환 4.95배

(자료 : 2022 당뇨병 Fact Sheet, 2022.12, 2019~2020년 통합 기준)

Epilogue

이유없는 체중감소, 당뇨병의 신호탄입니다.

보장설계 프로세스를 한 눈에
CONSULTING MAP

01
당뇨병에 많은 세가지는 무엇일까요?

당뇨병의 또 다른 이름, 다음, 다뇨, 다식의 삼다(三多)병

02
당뇨병 환자의 대부분은 제2형 당뇨병

선천성 제1형 당뇨 1.2%, 제2형 당뇨 85.6%로 제2형 당뇨가 대부분

08
당뇨병을 유발하는 위험한 생활습관

현재 흡연율 20.8%, 고위험음주율 22.3%, 걷기실천율 40.2%

07
당뇨병 환자의 절반 이상은 비만 또는 복부비만

당뇨병 환자의 53.8%는 비만, 61.2%는 복부비만

09
당뇨병 환자의 44.5%는 3고 질환을 모두 앓고 있어

30세 이상 당뇨병 환자의 44.5%는 3고 질환을 모두 앓고 있고, 여성이 남성 보다 높아

10
당뇨병은 혈관합병증이 더 무서운 병

정상인에 비해 심근경색증 발병률 1.59배, 허혈뇌졸중 1.70배, 말기신질환 4.95배

03
30세 이상 성인 7명 중 1명은 당뇨병 환자
2023년 유병자 492만 2천여명,
남성 유병률 18.1%,
여성 유병률 12.7%

04
당뇨병의 유병률은 최근 소폭 증가하는 추세
남자의 유병율이
여자보다 높고, 남녀 모두
소폭 증가 추세로 전환

06
3고질환 중 조절률이 가장 낮은 당뇨병
인지율 74.7%, 치료율 70.9%,
조절률 32.4%로 3고 질환 중
최저 수준의 조절률

05
남성은 중년기에 여성은 노년기에 더 위험
남성의 40~50대 유병률이
여성보다 월등히 높고,
60대 이후 여성 유병률
급격히 증가

EPILOGUE
이유없는 체중감소, 당뇨병의 신호탄입니다.

3高 질환 ❸

고지혈증
Dyslipidemia

혈관질환의 도화선

'카페쓰어다'를
아시나요?

STEP 01

우리나라 20세 이상 성인 5명 중 2명은 이상지질혈증 환자입니다.

2016~2022년 남녀 평균 이상지질혈증 유병률은 40.9%로 남자는 47.1%로 2명 중 1명, 여자는 34.7%로 3명 중 1명이 이상 지질혈증 환자입니다. 저HDL 콜레스테롤혈증을 경계기준인 남자 40mg/dL 미만, 여자 50mg/dL 미만으로 정의하는 경우에는 47.4%입니다.

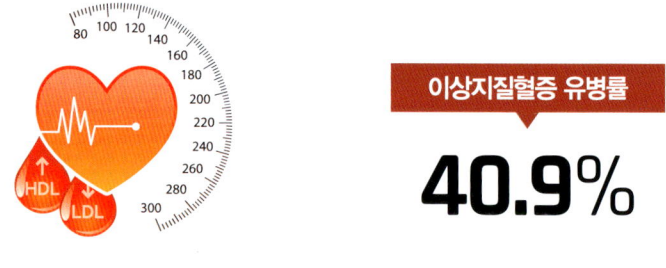

이상지질혈증 유병률
40.9%

47.1%    34.7%

(자료 : Dyslipidemia Fact Sheet in Korea 2024, 한국지질·동맥경화학회, 2024.12)

STEP 02

남자는 고중성지방과 저HDL콜레스테롤, 여자는 고LDL콜레스테롤이 더 위험합니다.

남자는 고중성지방, 저HDL콜레스롤혈증 유병률이 여자에 비해 2.5배 이상 높고, 여자는 고LDL콜레스테롤혈증 유병률이 남자보다 높아 상대적으로 더 위험합니다. 일반적으로 고LDL콜레스테롤혈증이 가장 주의가 필요한 것으로 알려져 있습니다.

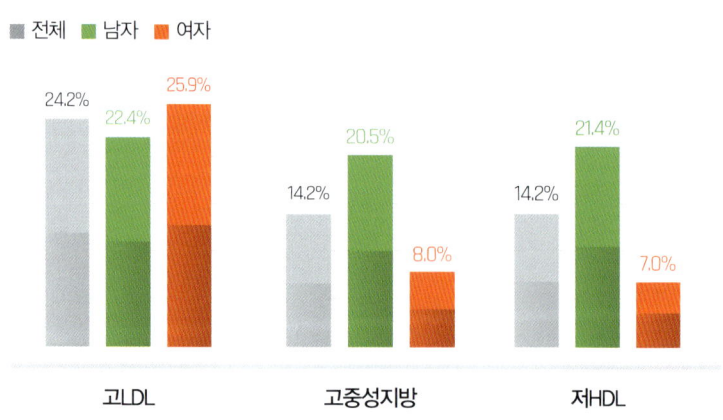

(자료 : Dyslipidemia fact sheet in Korea 2024, 한국지질·동맥경화학회, 2024.12)

고콜레스테롤혈증의 유병률은 남녀 모두 소폭 감소하는 추세입니다.

(자료 : 2023 국민건강통계, 질병관리청, 2024.12 / 단위 : %)

STEP 03

고콜레스테롤혈증의 연령표준화 유병률은 2019년부터 가파르게 증가하다 2022년 이후 소폭 감소하는 추세입니다. 남자는 2021년부터 감소세로 전환되었고, 여자는 2022년 남자의 유병률을 추월하고, 이후 소폭 감소했습니다.

남성은 중년기에, 여성은 노년기에 콜레스테롤을 조심해야 합니다.

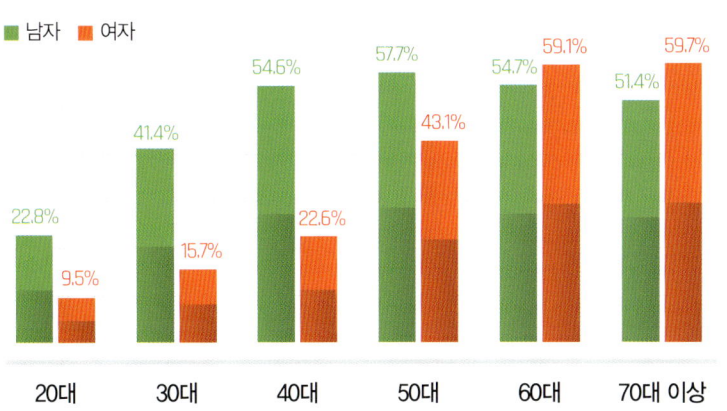

(자료 : Dyslipidemia Fact Sheet in Korea 2024, 한국지질·동맥경화학회, 2024.12)

STEP 04

남자는 40대까지 여자보다 2배 이상 높은 유병률을 보이다 50대 이후 감소하는 반면, 여자는 50대부터 급격히 증가해 60~70대에는 남자 보다 높게 나타납니다. 남자는 중년기에, 여자는 노년기에 콜레스테롤을 조심해야 합니다.

STEP 05

개선되고 있지만 인지도 못하고, 치료도, 조절도 못하고 있습니다.

최근 많이 개선되고 있지만 고콜레스테롤혈증의 인지율은 68.0%, 치료율은 61.2%, 조절률은 54.1%로 환자의 절반 정도만 조절하고 있는 것이 현실입니다. 하지만 꾸준하게 개선되고 있고, 특히 건강에 대한 관심이 높아지면서 인지율은 거의 70%에 육박하고 있습니다.

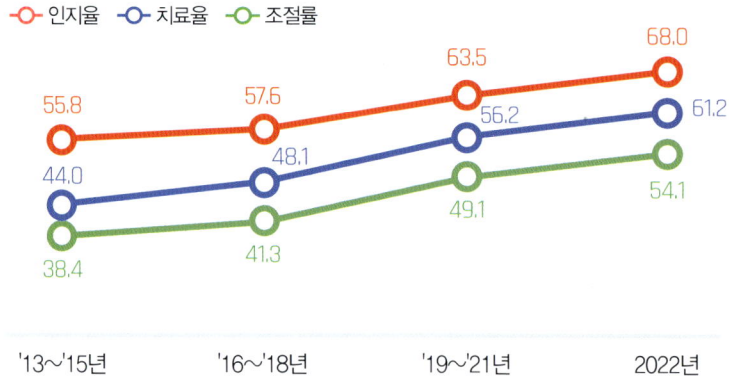

(자료 : Dyslipidemia Fact Sheet in Korea 2024, 한국지질·동맥경화학회, 2024.12 / 단위 : %)

STEP 06

당뇨병 환자는 정상인에 비해 2.8배 유병률이 높습니다.

당뇨병 환자의 이상지질혈증 유병률은 70.2%로 정상인 보다 2.8배 높습니다. 또 LDL콜레스테롤이 정상수치인 100mg/dL 이상인 경우는 당뇨병 유병자의 87.0% 정도에서 이상지질혈증이 동반됩니다.

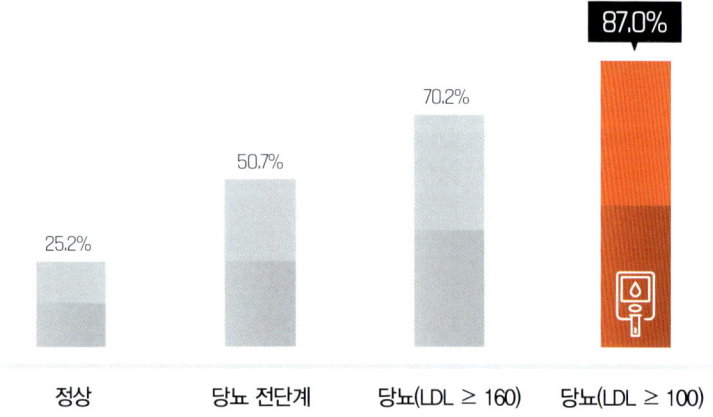

(자료 : Dyslipidemia fact sheet in Korea 2024, 한국지질·동맥경화학회, 2024.12)

STEP 07

고혈압 환자는 정상인에 비해 2.2배 유병률이 높습니다.

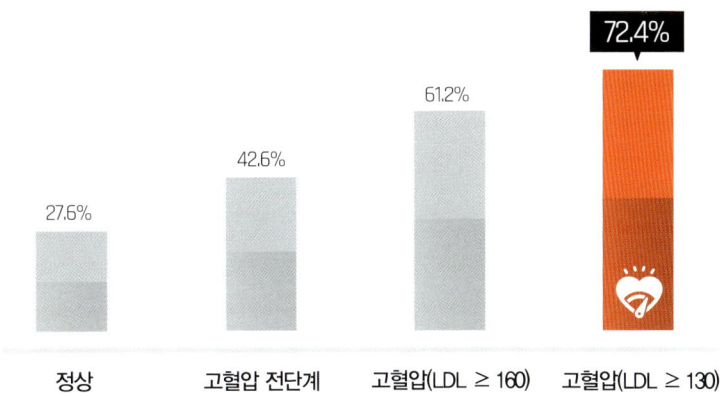

(자료 : Dyslipidemia fact sheet in Korea 2024, 한국지질·동맥경화학회, 2024.12)

고혈압 환자의 이상지질혈증 유병률은 61.2%로 정상인 보다 2.2배 높습니다. 또 LDL콜레스테롤이 경계수준인 130mg/dL 이상인 경우는 72.4%로 정상인 보다 2.6배 높습니다.

STEP 08

비만 환자는 정상인의 2.0배, 복부비만은 1.9배 유병률이 높습니다.

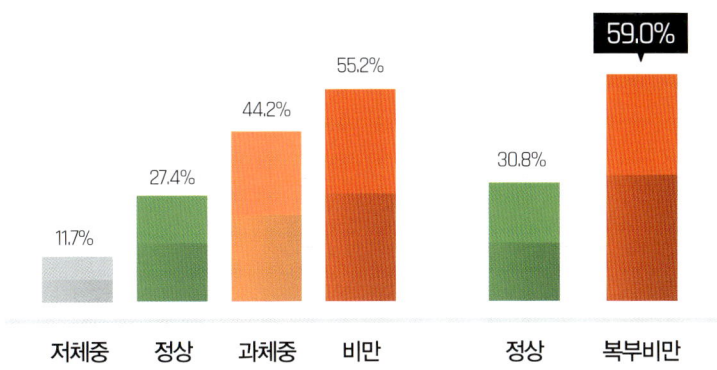

(자료 : Dyslipidemia fact sheet in Korea 2024, 한국지질·동맥경화학회, 2024.12)

비만 환자의 이상지질혈증 유병률은 55.2%로 정상인 보다 2.0배 높습니다. 또 복부비만이 있는 경우는 복부비만이 없는 사람 보다 1.9배 유병률이 높습니다.

STEP 09

고지혈증의 원인은 생활습관입니다.

LDL콜레스테롤이나 중성지방이 상승하는 요인은 만성질병, 대사이상, 식사 등 생활습관과 관련이 깊습니다.

흡연이나 음주, 고지방식은 삼가하고, 매일 30분 이상 땀 흘리는 운동이 권장되며, 혈관질환의 시작이므로 조기에 적극적으로 치료하고 관리하는 것이 중요합니다.

(자료 : 이상지질혈증 치료지침 제5판, 한국지질·동맥경화학회, 2022.11)

Epilogue

검은 눈동자 주변의
하얀 테두리를 조심하세요

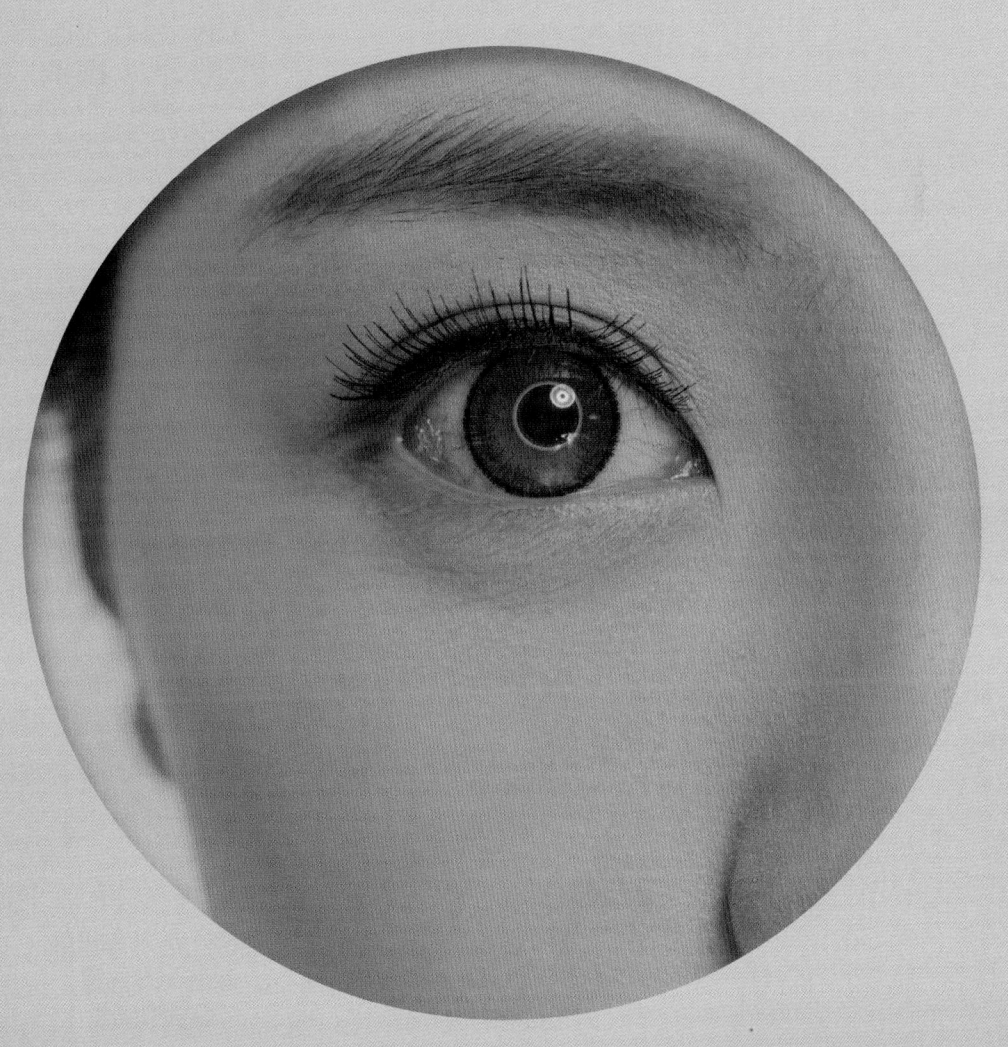

보장설계 프로세스를 한 눈에
CONSULTING MAP

01 '카페 쓰어다'를 아시나요?
우리나라 성인 5명 중 2명은 혈액이 연유처럼 끈적해지는 이상지질혈증 환자

02 남자는 저HDL혈증 여자는 고LDL혈증이 위험
남자 고중성지방 20.5%, 저HDL 21.4%, 여자 고LDL 25.9%

08 비만 환자는 정상인보다 2.0배 더 위험
비만 환자의 유병률은 55.2%로 2.0배, 복부비만 환자는 59.0%로 1.9배

07 고혈압 환자는 정상인보다 2.2배 더 위험
고혈압 환자의 유병률은 61.2%로 정상인 27.6%의 2.2배

09 고지혈증의 원인은 생활습관
신증후군 등 질병, 비만 등 대사이상, 에너지 과다 섭취 등 식사가 주원인

EPILOGUE
검은 눈동자 주변의 하얀 테두리를 조심하세요.

03
고콜레스테롤혈증 유병률 남녀 모두 소폭 감소
전체 20.9%, 남자 19.9%, 여자 21.4% 2022년 이후 감소세 전환

04
남자는 중년기에 여자는 노년기에 더 조심
남자는 40대까지 여자의 2배 이상, 여자는 50대 이후 급격히 증가

06
당뇨병 환자는 정상인보다 2.8배 더 위험
당뇨병 환자의 유병률은 70.2%로 정상인 25.2%의 2.8배

05
인지도 못하고 치료도, 조절도 못해
인지율 68.0%, 치료율 61.2%, 조절률 54.1%로 절반 수준

맛있고 풍성한 보장설계를 위한
CONSULTING TIP

QUESTION 01

암보장은 그래도 고객님들의 반응이 괜찮은데, 뇌혈관 질환이나 심혈관 질환에 대해 설명 드리면 반응이 시큰둥하세요. 모두 중대 질환인데 무슨 이유일까요?

point 01 결과 질환 보다 원인 질환인 3고 질환으로 상담을 시작하세요.

심·뇌혈관 질환은 중대질환으로 보장준비가 필요하지만 결과 질환이기 때문에 막상 나도 걸릴 수 있다는 인식이 덜 할 수 있으므로 원인 질환인 3고 질환으로 상담을 시작하는 것이 더 효과적입니다.

point 02 3고 질환 자체를 위한 소액 보장보다 심·뇌혈관 질환의 보장을 강조하세요.

고혈압이나 당뇨 등 3고 질환에 대한 소액 보장을 강조하기 보다는 결국 심·뇌혈관 질환으로 진행할 수 있기 때문에 심·뇌혈관 질환의 보장을 준비하도록 설명하는 것이 좋습니다.

point 03 고객의 절반 정도는 현재 3고 질환 환자일 수 있습니다.

심·뇌혈관 질환은 암에 비해 주변에서 흔히 볼 수 있는 질병이 아니므로 크게 와닿지 않을 수 있습니다. 3고 질환으로 시작하면 상담하는 고객의 절반은 이미 3고 질환 중 하나를 앓고 있는 환자일 수 있습니다.

QUESTION 02

3고 질환이나 심·뇌혈관 질환에 대한 상담을 시작할 수 있는 자연스럽고 효과적인 어프로치가 어려운 것 같습니다. 어떻게 하면 부담스럽지 않게 상담을 시작할 수 있을까요?

POINT 혈관질환 체크리스트로 '손병호게임'을 해 보세요.

3고 질환의 위험성을 인지하기 위한 체크리스트를 고객과 함께 체크하면서 지워나가는 손병호 게임을 해보시면 상당 수의 고객이 위험군에 포함되어 자연스럽게 니즈를 환기시킬 수 있습니다.

- ☐ 식사 시간이 불규칙한 편이다.
- ☐ 스트레스를 잘 받으며, 이유 없는 초조함과 짜증을 느낄 때가 있다.
- ☐ 직전 1년 내에 흡연을 한 적이 있다.
- ☐ 취침 전 시간에 음식을 먹는 일이 많다.
- ☐ 잠드는데 시간이 오래 걸리고 자주 잠자리를 뒤척거린다.
- ☐ 달고 짜고 자극적인 음식을 즐긴다.
- ☐ 하루에 커피를 3잔 이상 마신다.
- ☐ 배가 불러도 새로운 음식이 있으면 나도 모르게 먹는 편이다.
- ☐ 채소보다는 육류 위주의 음식을 선호하는 편이다.
- ☐ 주 3회 이상 술자리를 가진다.
- ☐ 나는 현재 체질량지수 23 이상 과체중 또는 비만이다.
- ☐ 엘리베이터를 주로 이용하며 가끔 계단을 오를 때 숨이 차는 것을 느낀다.
- ☐ 화장실에 오래 앉아 있고 배변하고 난 후에도 개운하지 않다.
- ☐ 운동하는 것을 싫어하고 버스나 지하철을 타면 자리부터 찾는다.
- ☐ 실내에서 앉아서 일하는 직업을 가지고 있다.

※ 5개 이상이면 경고 단계, 8개 이상이면 위험 단계, 12개 이상이면 즉시 병원에서 치료 필요

보장설계시 이것만은 꼭 챙겨야 할
CONSULTING POINT

point 01

성인병 삼총사, 3고 질환의 상관관계에 주목

3고 질환은 그 질환 자체의 치료보다는 다른 질병을 함께 앓을 수 있다는 상관관계에 주목해야 합니다. 나아가 그 종착역이 심·뇌혈관 질환이라는 심각한 중증질환이 될 수 있어 미리 준비해야 한다는 점을 강조해 주세요.

point 02

혈관질환의 시작, 죽상경화를 조심해야

죽상경화로 혈액의 이동속도가 늦어지면서 고혈압이 유발되고, 혈관 좁아짐이 심화되면서 다양한 혈관질환이 유발되므로 가장 주의해야 할 전조증상입니다.

point 03

여성은 폐경 전후 고LDL콜레스테롤 혈증 점검

이상지질혈증 중 고LDL콜레스테롤 혈증이 특히 위험합니다. 여성은 40대 이전까지 남성에 비해 현저히 낮은 발병률을 보이지만, 50대 폐경 전후로 환자수가 급격히 증가하므로 주의를 기울이고 주기적인 점검이 필요합니다.

point 04

당뇨의 기준, 당화혈색소 6.5% 선택

당뇨의 진단은 공복혈당 보다는 당화혈색소를 기준으로 하는 경우가 많습니다. 대부분의 보험상품은 당뇨의 진단기준으로 당화혈색소 6.5%와 9.0% 중 선택할 수 있는데, 고객의 입장에서 6.5%를 선택하는 것이 바람직합니다.

point 05

3고 질환 중 조절률이 가장 낮은 당뇨병

2022년 기준 고콜레스테롤혈증의 조절률은 54.1%, 고혈압의 조절률은 58.6% 수준입니다. 반면 당뇨병의 조절률은 32.4%로 3고 질환 중 가장 낮습니다. 극복이 힘든 만큼 더욱 철저한 준비가 필요합니다.

point 06

3고 질환은 우리나라의 주요 사망원인

2023년 우리나라 사망원인 중 7위는 당뇨병이고, 8위는 고혈압성 질환입니다. 고지혈증은 10대 사망원인에 포함되지 않지만 혈관질환의 시작이라는 점에서 중요도는 낮지 않습니다.

point 07

3고 질환은 절대 혼자 다니지 않는다

2024 고혈압 팩트시트에 따르면 고혈압만 앓고 있는 경우는 31.2%에 불과합니다. 나머지는 고지혈증이나 당뇨병을 함께 앓고 있으며 23.3%는 3고 질환을 모두 앓고 있기 때문에 한가지 질환이 있다면 나머지 질환에 대비해야 합니다.

point 08

3고 질환의 나비효과, 합병증에 대한 꼼꼼한 준비 필요

3고 질환은 뇌, 눈, 심장, 신장 등에서 다양한 합병증이 발생하는 경우가 많고, 특히 당뇨의 경우 추가로 족부병변이 발생할 수 있습니다. 따라서 합병증에 대한 보장 준비와 질병후유장해 관련 보장을 고려할 필요가 있습니다.

뇌가 죽어가는 중입니다.

뇌혈관 질환

아침 출근길에 마주치는 어느 부부의 이야기

'뇌졸중(腦卒中)'은 뇌가 죽어가는 중이라는 무시무시한 뜻을 가진 병입니다. 한의학에서는 몸 가운데 바람을 맞는다 하여 '중풍(中風)'이라고 부릅니다.

완쾌도 어렵지만 뇌손상으로 인한 후유증 때문에 치료 후에도 정상생활로 돌아오지 못하는 경우도 어렵지 않게 찾아볼 수 있습니다.

아침 출근길에 가끔씩 마주치는 부부가 있습니다. 남편이 뇌졸중 치료 후 왼쪽이 마비되신 듯 합니다. 아침마다 부인과 힘겨운 산책 겸 운동을 하는데 10미터 걷는데 10분은 족히 걸려 보입니다.

그나마 배우자가 있어서 다행이라 생각되지만 치료 후에도 이런 저런 후유증에 시달려야 하는 뇌혈관 질환은 예방과 대비가 꼭 필요합니다.

뇌혈관 질환 보장설계를 위한 기본 재료
INGREDIENTS

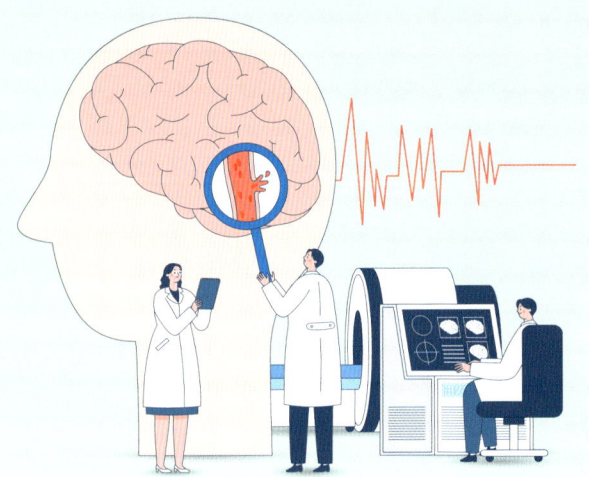

1 · 뇌의 구조
2 · 뇌혈관 질환
3 · 막히면 큰 일, 뇌경색
4 · 터지면 더 큰 일, 뇌출혈
5 · 뇌출혈의 뇌관, 뇌동맥류
6 · 카테터를 이용한 스텐트 삽입술

1. 뇌의 구조

우리 뇌는 우주의 비밀만큼이나 복잡하고 신비로운 구조로 이루어져 있습니다. 뇌수에 담겨있는 뇌를 부드러운 연질막이 감싸고 있고, 다시 강도가 높은 경질막이 감싸고 있습니다. 연질막과 경질막 사이에 거미줄 모양의 완충역할을 하는 막을 지주막 또는 거미막이라고 하며, 경질막 외부를 딱딱한 두개골이 보호합니다.
뇌에 에너지와 산소를 공급하는 뇌혈관의 길이는 무려 700km에 달하고, 약 20억 개의 뉴런에 산소와 영양물질을 공급하게 됩니다.

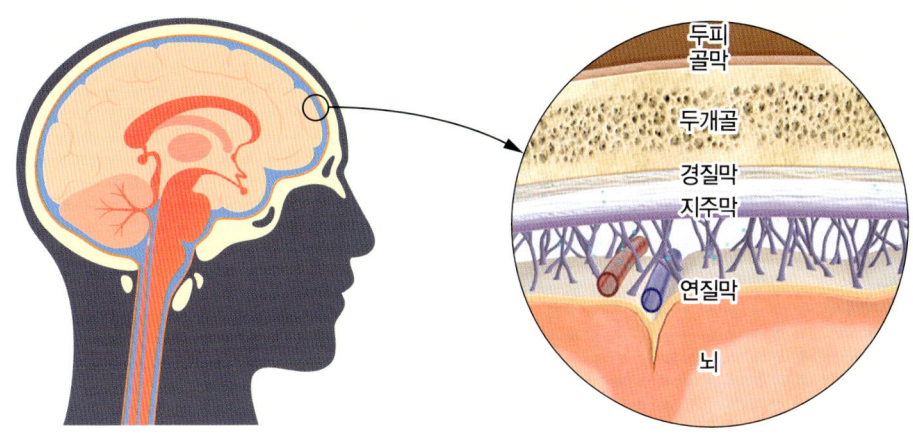

2. 뇌혈관 질환

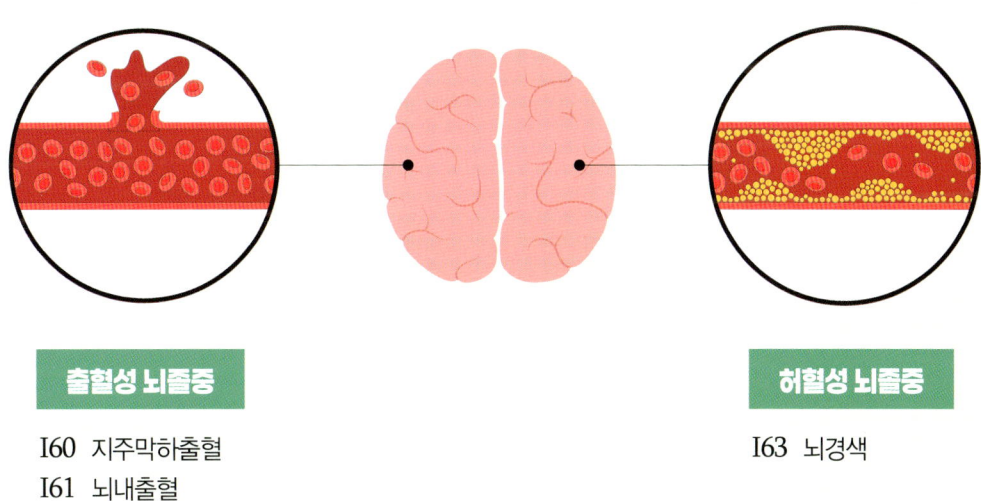

I60 지주막하출혈
I61 뇌내출혈
I62 기타 비외상성 두개내 출혈

I63 뇌경색

3. 막히면 큰 일, 뇌경색

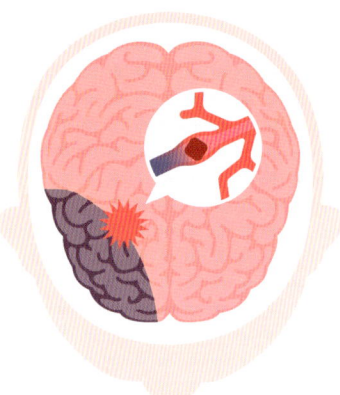

뇌색전
뇌 이외에서 발생한 혈전이
뇌혈관을 막는 경우

뇌혈전
뇌에서 발생한 혈전이
뇌혈관을 막는 경우

뇌색전	뇌 이외의 부분, 주로 심장에서 생긴 피의 덩어리인 혈전이 흘러나와 혈액과 함께 순환되다가 뇌혈관을 막음으로써 발생하는 병증
뇌혈전	나이가 들어 노년에 들어서거나 또는 다른 원인으로 혈관벽에 혈전이 생기는 동맥경화 증상이 진행되어 뇌동맥의 혈관이 막힘으로써 일어나는 병증

4. 터지면 더 큰 일, 뇌출혈

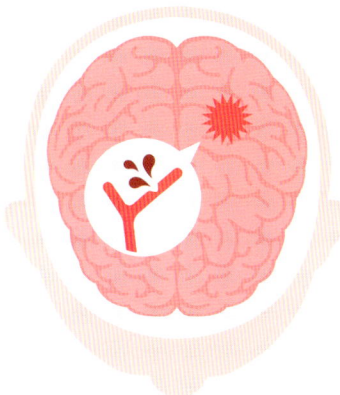
뇌내출혈

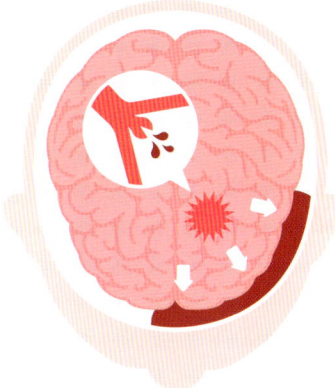
지주막하출혈

뇌내출혈	뇌내의 혈관이 터져 출혈이 생기는 것으로 중장년층에 많고, 고혈압이 주요 원인으로 높은 혈압 때문에 혈관들이 계속해서 압력을 받아 혈관 벽이 약해져 파열되면서 발생
지주막하출혈	뇌동맥류 파열이 주된 원인이며, 뇌를 감싸고 있는 조직(수막)의 내막(연질막)과 중막(지주막) 사이의 공간(지주막하강)에서 발생하는 출혈

5. 뇌출혈의 뇌관, 뇌동맥류

뇌동맥류란?

뇌동맥의 특정 부위가 약해지면서 미세한 균열이 생기고 꽈리나 풍선처럼 혈관이 부풀어 오르는 질환으로 뇌출혈의 주원인입니다. 뇌동맥류가 파열될 경우 지주막하출혈로 이어져 생명을 위협하는 질환이며, 수술이 근본적인 치료 방법으로 '코일색전술'과 '클립결찰술'이 대표적인 치료방법입니다.

낭(주머니)형 동맥류

방추형 동맥류

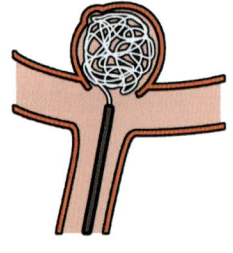

코일색전술

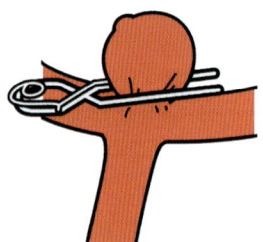

클립결찰술

코일색전술	사타구니 부위의 대퇴동맥을 통해 뇌혈관까지 미세도관을 삽입한 후 뇌동맥류 내부에 코일을 채워 넣어 혈류를 차단하는 치료 방법
클립결찰술	관자놀이 부위의 두피 및 두개골을 절개하여 뇌동맥류의 입구를 클립으로 직접 묶어 뇌동맥류로의 혈류 유입을 차단하는 치료 방법

6. 카테터를 이용한 스텐트 삽입술

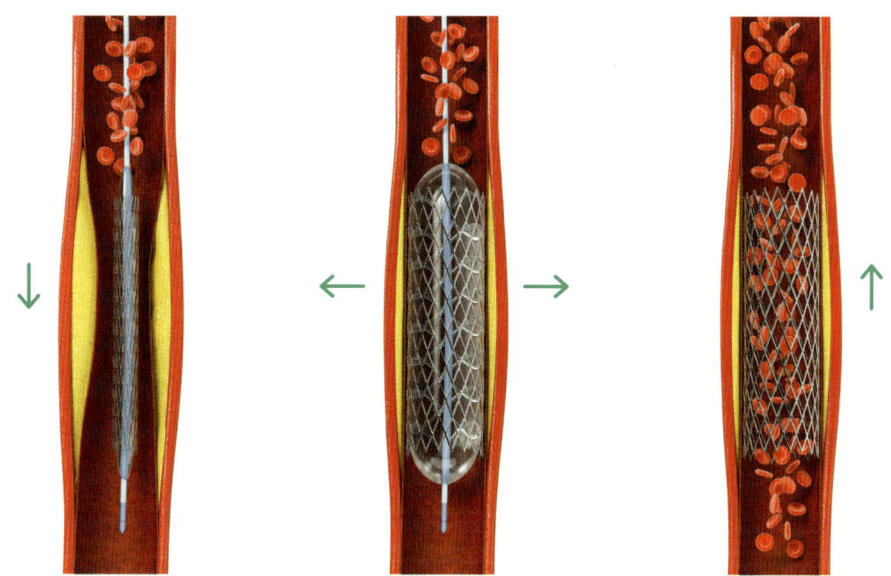

❶ 스텐트 삽입
혈관에 지질이 쌓여 플라크가 생기면 초음파를 이용하여 압축된 스텐트가 장착된 카테터를 동맥경화가 일어난 부위에 삽입

❷ 혈관 확장
카테터에 압력을 가해 풍선이 부풀어 오르면서 주변 플라크를 분쇄하면서 스텐트가 확장

❸ 스텐트 고정
풍선에 압력을 빼고 카테터를 제거하면 분쇄된 플라크는 혈액의 흐름을 따라 제거되고, 확장된 스텐트가 고정되어 좁아진 혈관을 확장

뇌혈관 질환
Cerebrovascular Disease

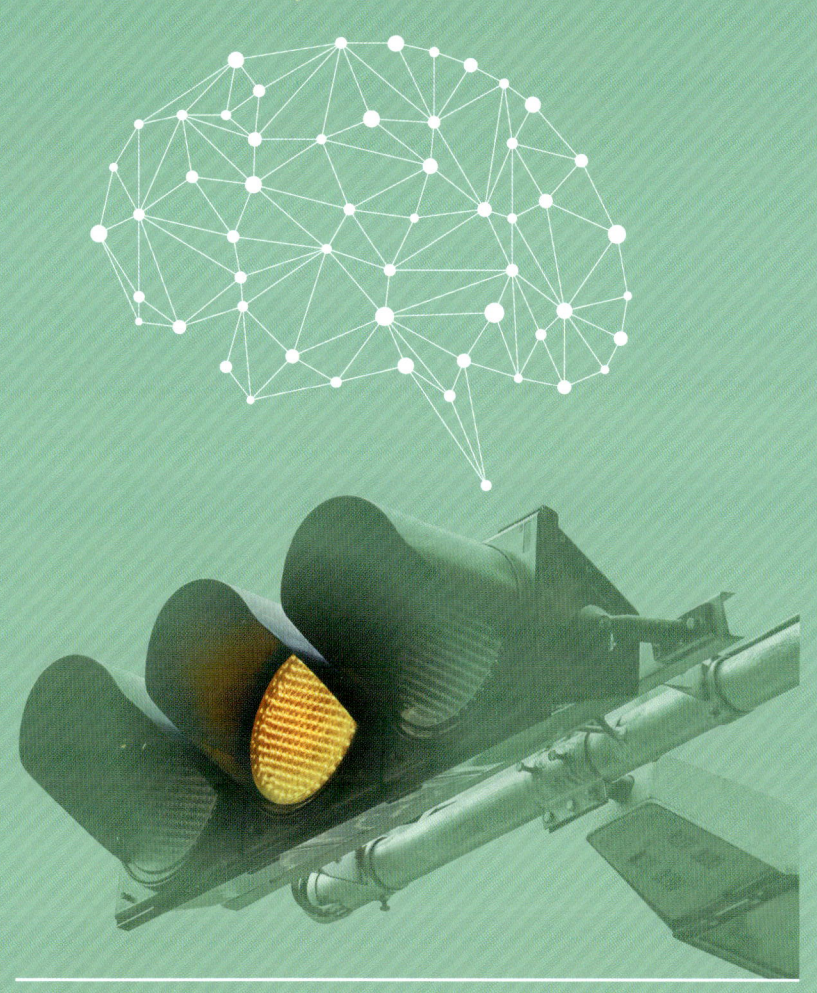

황색신호, 멈출까요, 지나갈까요?

STEP 01

일과성 뇌허혈발작, 뇌가 우리에게 보내는 경고신호입니다.

일과성 뇌허혈발작은 뇌혈관이 잠깐 막혔다가 풀리는 증상으로 90일 이내에 뇌경색이 발생 할 확률 17~20%이며, 그 중 50%는 48시간 이내에 발생하고, 전체 뇌졸중 환자의 약 40%가 일과성 뇌허혈발작을 경험합니다. (질병관리청)

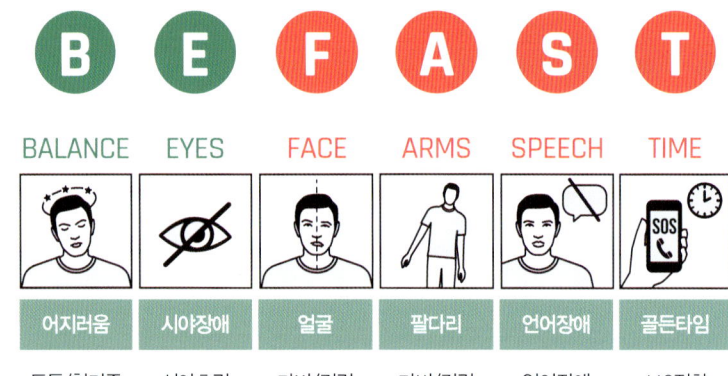

STEP 02

뇌경색 발생확률은 뇌출혈에 비해 약 5배 높습니다.

2023년 뇌혈관 질환 환자 중 뇌경색 환자는 40.5%, 뇌출혈 환자는 8.2%로 뇌경색의 발생 확률이 약 5배 높습니다. 뇌혈관 질환 환자의 절반 가량은 뇌경색과 뇌출혈 환자입니다.

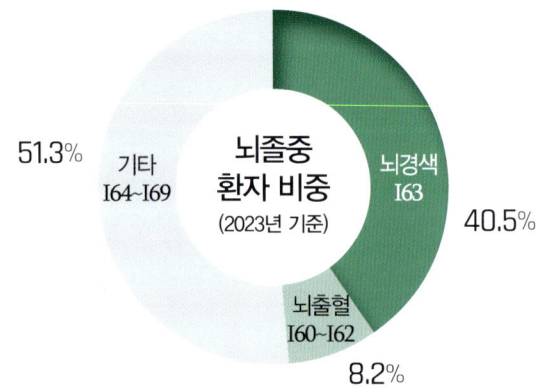

(자료 : 보건의료빅데이터개방시스템, 2023년 기준)

뇌경색과 뇌출혈의 사망자 수는 비슷해 뇌출혈이 더 치명적입니다.

STEP 03

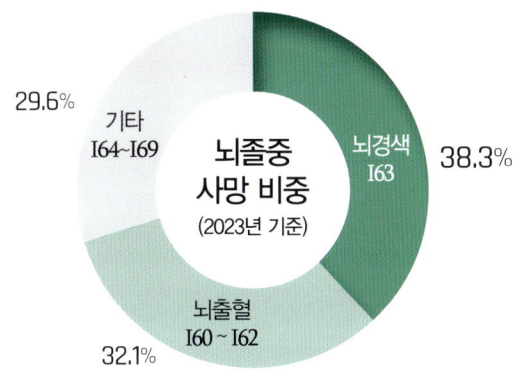

(자료 : 2023 사망원인통계, 통계청, 2024.10)

2023년 뇌졸중 사망자 수의 비중은 뇌경색이 38.3%, 뇌출혈이 32.1%로 비슷한 수준인데, 뇌출혈보다 뇌경색 환자 수가 5배나 많음에도 사망자 수가 비슷하다는 것은 뇌출혈이 더 치명적이라는 뜻입니다.

또한, 뇌경색도 환자 수 약 54만명, 사망자 수 9천여명으로 발생률과 사망자 수가 매우 높으므로 보장준비에 소홀해서는 안되는 질병입니다.

구분		환자		사망자	
		인원 수(명)	비중 (%)	인원 수(명)	비중 (%)
뇌출혈	I60	37,229	2.8	1,880	7.8
	I61	59,638	4.5	5,891	24.4
	I62	11,333	0.9		
뇌경색	I63	536,179	40.5	9,272	38.3
기타 뇌졸중	I64	24,231	1.8	1,084	4.5
	I65	161,788	12.2	0	0
	I66	58,835	4.4	0	0
	I67	391,948	29.6	502	2.1
	I68	4,371	0.3	0	0
	I69	38,787	2.9	5,564	23.0
계		1,324,339		24,193	

(자료 : 보건의료빅데이터개방시스템, 2023 사망원인통계, 통계청 2024.10 / 단위 : 명, %)

뇌출혈 :
- I60 지주막하출혈
- I61 뇌내출혈
- I62 기타 비외상성 두개내출혈

뇌경색 : I63 뇌경색증

기타 :
- I64 출혈 또는 경색증으로 명시되지 않은 뇌졸
- I65 뇌경색증을 유발하지 않은 뇌전동맥의 폐쇄 및 협착
- I66 뇌경색증을 유발하지 않은 대뇌동맥의 폐쇄 및 협착
- I67 기타 뇌혈관질환
- I68 달리 분류된 질환에서의 뇌혈관장애
- I69 뇌혈관질환의 후유증

STEP 04

나이들수록 뇌경색, 나이에 상관없이 뇌출혈을 조심하세요.

2023년 뇌졸중 환자의 연령별 분포를 살펴보면, 뇌경색 환자는 50대 이후 급격히 증가하는 퇴행성의 특성을 나타냅니다. 반면 뇌출혈 환자는 50대부터 급격히 증가하고, 이후 전연령대에서 발생자가 많습니다. 따라서 나이 들수록 뇌경색을 조심해야 하고, 뇌출혈은 나이와 상관없이 조심해야 합니다.

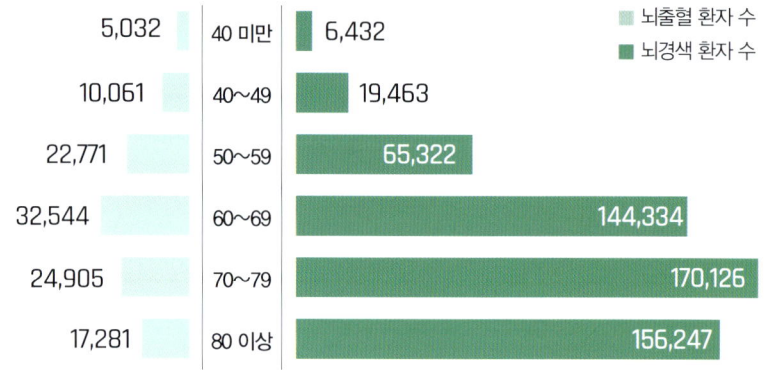

(자료 : 보건의료빅데이터개방시스템, 2023년 기준 / 단위 : 명)

STEP 05

남자는 중년기에, 여자는 노년기에 뇌졸중에 주의해야 합니다.

남자는 50~60대에 여자에 비해 2배 정도 환자가 많고, 여자는 꾸준히 증가해 60~70대에 환자가 급증합니다. 따라서 남자는 중년기에, 여자는 노년기에 뇌졸중에 주의가 필요합니다. 또 60대 이상 환자의 비중은 남자 77.4%, 여자 85.3%로 환자 10명 중 8명은 60대 이상입니다.

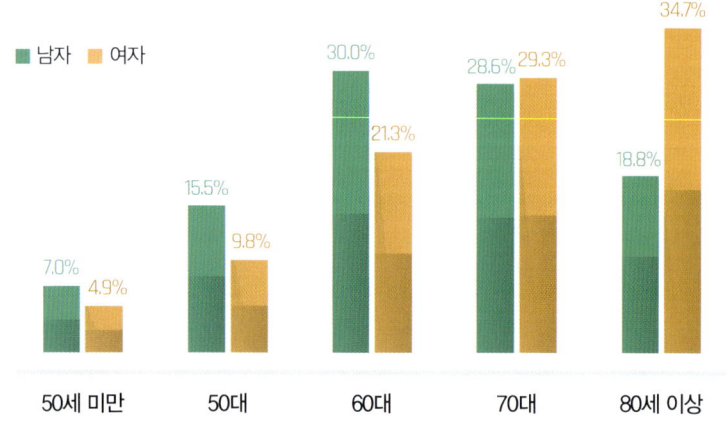

(자료 : 보건의료빅데이터개방시스템, 통계청, 2023년 기준)

뇌혈관질환은 추운 겨울에 더 위험합니다.

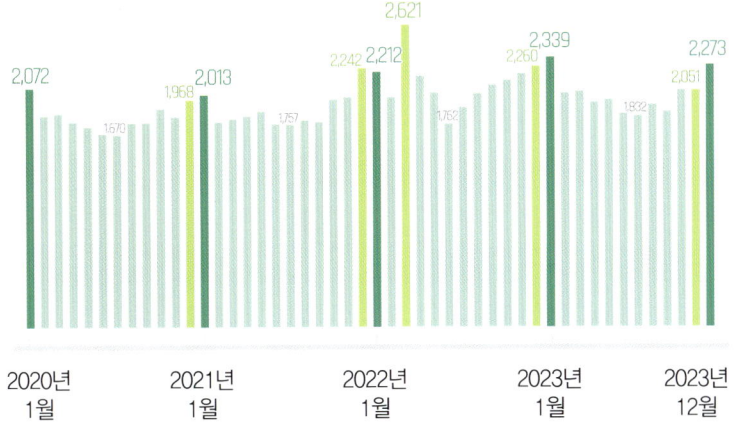

(자료 : 2023 사망원인통계, 통계청, 2024.10 / 단위 : 명)

STEP 06

2020~2023년 월별 뇌혈관질환(I60~I69) 사망자 수는 12월~1월에 상대적으로 많습니다. 날씨가 추워지면 혈관이 수축하여 압력이 높아지면서 뇌혈관질환이 발생하기 쉬운 조건이 만들어지기 때문입니다. 또 일교차가 심한 환절기에 더욱 주의해야 합니다.

생명을 살리는 골든타임은 3시간 입니다.

| 증상 발생 후 응급실 도착시간 중앙값 |

2014년 206
2016년 198
2018년 214
2020년 231
2022년 224

| 골든타임 내 도착비율 |

구급차 이용 55.1%
미이용 24.0%

(자료 : 10차 급성기뇌졸중 적정성 평가결과, 건강보험심사평가원, 2024.07 / 단위 : 분)

STEP 07

2024년 조사한 급성기뇌졸중 적정성 평가 결과 2022년 증상 발생 후 응급실 도착시간 중앙값은 3시간 44분으로 골든타임 3시간을 넘기는 것은 물론이고 도착시간이 길어지고 있습니다. 구급차를 이용할 경우 절반 정도인 55.1%만 골든타임 이내에 도착합니다.

STEP 08

급성 뇌경색은 후유증 발생 정도에 따라 치료비가 5배 증가합니다.

급성 뇌경색 환자 중 후유증 없이 회복한 환자와 보행 및 일상생활이 불가능한 환자의 5년간 치료비용은 5배 차이가 납니다. 조기에 발견하고 증상 발생 시 최대한 빠르게 치료해야 합니다.

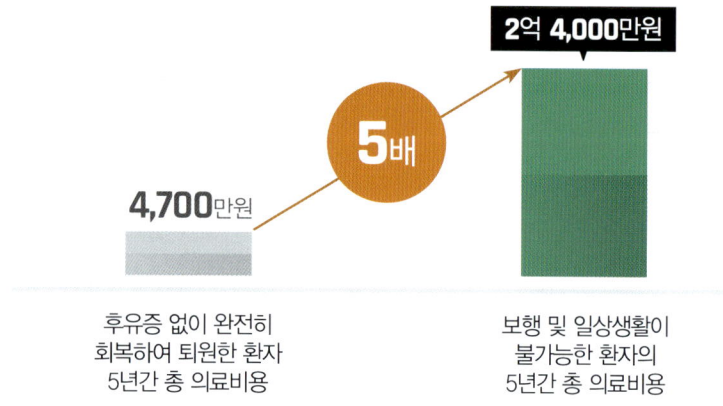

4,700만원 — 후유증 없이 완전히 회복하여 퇴원한 환자 5년간 총 의료비용

2억 4,000만원 — 보행 및 일상생활이 불가능한 환자의 5년간 총 의료비용

5배

(자료 : 급성 뇌경색 환자 예후에 따른 장기적 지출비용, 분당서울대병원, 2020.04)

STEP 09

뇌혈관 질환이 발생하면 대부분 후유증이 생깁니다.

뇌혈관 질환으로 손상을 입은 뇌세포는 재생되지 않기 때문에 해당 세포가 담당하는 기능에 후유증이 발생합니다. 가장 흔한 편측 사지마비 및 감각이상 정도의 차이는 있겠지만 환자의 90%에서 발생하기 때문에 후유증과 후유장해에 대한 대비가 필요합니다.

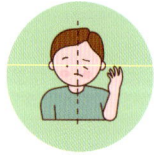   

편측사지마비	대·소변 장애	언어 장애	인지 장애
90%	80%	50%	50%

(자료 : 부산재활병원, 해운대 '나눔과 행복병원', 2017)

Epilogue

뇌의 경고신호,
다음은 퇴장입니다.

보장설계 프로세스를 한 눈에
CONSULTING MAP

01 황색신호, 멈출까요, 지나갈까요?
뇌가 보내는 경고신호 일과성 뇌허혈발작, BE FAST 증상 나타나면 즉시 병원 찾아야

02 뇌경색 발생확률은 뇌출혈의 5배
2023년 뇌졸중 환자 중 뇌경색 40.5% 뇌출혈 8.2%

08 급성 뇌경색 후유증에 따라 치료비 5배 증가
후유증 없이 퇴원한 환자 5년 간 4,700만원, 일상생활 불가능한 환자 5년 간 2억 4,000만원

07 생명을 살리는 골든타임 3시간
2022년 응급실 도착시간 3시간 44분, 구급차 이용시 55.1% 골든타임 내 도착

09 뇌혈관 질환 발생하면 대부분 후유증 생겨
편측사지마비 90%, 대·소변장애 80%, 언어 장애 50%, 인지 장애 50%

EPILOGUE
뇌의 경고신호, 다음은 퇴장입니다.

03 뇌경색과 뇌출혈 중 뇌출혈이 더 치명적

2023년 뇌졸중 사망자 중
뇌경색 38.3%
뇌출혈 32.1%

04 나이들수록 뇌경색, 나이 상관없이 뇌출혈 조심

뇌경색은 50대 이후
급격히 증가,
뇌출혈은 나이와
상관없이 발생 가능

06 뇌혈관질환은 추운 겨울에 더 위험해

발생률은 계절적 영향 적지만,
사망자는 12~1월에
크게 증가

05 남자는 중년기에 여자는 노년기에 더 주의

뇌졸중 환자 중
60대 이상 10명 중 8명.
남자 77.4%,
여자 85.3%

맛있고 풍성한 보장설계를 위한
CONSULTING TIP

QUESTION 01

뇌혈관 질환의 골든타임이 3시간이라고 알고 있는데, 어떤 사람은 4시간 30분 이라고도 하고, 또 어떤 사람은 24시간 이내에는 괜찮다고 하는데, 어떤 것이 맞는 것인가요?

point 01 골든타임은 '혈관 재개통 치료'가 가능한 마지노선입니다.

뇌졸중은 가능한 빨리 치료하는 것이 중요하지만 반드시 3시간 이내에만 치료가 가능한 것은 아닙니다. 1990년 초중반에 뇌경색이 발생하고 3시간 이내에 혈전 용해 약물을 투여하도록 지침이 만들어지면서 골든타임으로 소개된 것입니다. 이후 의학과 기술이 발달하면서 혈전 용해 치료가 가능한 시간은 4시간 30분까지 연장되어 지금까지 유지되고 있습니다.

하지만 뇌혈관이 막혔을 때 뇌조직이 얼마나 버틸 수 있는지 환자의 뇌혈관 상태에 따라 다를 수 있기 때문에 일부 환자의 경우 24시간 이내에도 치료가 가능한 것으로 확인되었습니다.

point 02 후유증을 최소화하기 위해 최대한 빠른 치료가 중요합니다.

혈액공급이 중단되어 뇌에 산소와 에너지가 전달되지 못하면 4분 이후부터 뇌세포의 괴사가 시작되는 것으로 알려져 있습니다. 병원에 아무리 빠르게 도착하더라도 4분 이후에 괴사된 뇌세포는 재생되지 않고 그로 인한 후유증이 불가피합니다. 따라서 골든타임은 생명을 살리고 후유증을 최소화할 수 있는 시간이므로, 할 수만 있다면 최대한 빠르게 병원을 찾아 치료하는 것이 중요합니다.

QUESTION 02

일과성 뇌허혈발작 등 뇌졸중의 전조증상은 이해가 되는데, 어떻게 구분하나요? 얼굴에 일시적인 경련이 일어난다고 해서 무조건 119를 불러 병원으로 갈 수는 없지 않나요?

POINT 뇌졸중의 자가 진단은 이웃, 손, 발, 시선을 기억하세요.

일과성 뇌허혈발작을 잘 나타내는 'BE FAST'와 비슷하지만, 조금 더 쉽게 이웃, 손, 발, 시선 중 한가지라도 이상하다면 바로 119로 연락하거나 가까운 뇌졸중센터를 방문하시는 것이 좋습니다.

이웃	이~ 하고 웃을 수 있나요?
손	두 손을 앞으로 뻗을 수 있나요?
발	발음이 명확한가요?
시선	시선이 한쪽으로 쏠리나요?

POINT 사소한 것이라도 민감하게 과잉반응을 보이는 것이 더 낫습니다.

일과성 뇌허혈 발작은 심각한 증상이 나타나기도 하지만 대부분 사소한 형태로 나타나고 빠르면 수 분, 길어도 한 시간 이내에는 증상이 사라집니다. 예를 들어 설거지를 하다가 팔에 힘이 빠져 그릇을 깨는 경우 대부분 뇌졸중을 의심하기 보다 자신의 실수를 자책하는 경우가 많습니다.

기저질환이나 가족력이 있는 경우 사소한 증상을 무심코 지나치다가 심각한 뇌경색이 발생하기도 합니다. 따라서 오히려 민감한 것이 더 나은 대처방법이며, 뇌졸중과 관련한 앱을 미리 설치하거나, 가까운 뇌졸중 치료센터 등을 사전에 확인해 두는 것도 좋습니다.

보장설계시 이것만은 꼭 챙겨야 할
CONSULTING POINT

point 01

뇌혈관 질환은 우리나라 사망원인 4위
뇌혈관 질환은 암, 심장 질환, 폐렴에 이어 우리나라 사망원인 4위입니다. 폐렴이 직접 사인이라기 보다 면역력이 약해진 이후 최종 사인이라는 점을 감안하면 우리나라 3대 사망원인 중 하나라고 할 수 있습니다.

point 02

일과성 뇌허혈발작을 경험했다면 특히 주의해야
일과성 뇌허혈발작은 뇌가 보내는 경고신호입니다. 이 증상을 경험한 사람의 30% 정도는 90일 이내에 뇌경색이 발생할 수 있고, 만약 뇌경색이 발생하지 않더라도 혈관성 치매에 걸릴 확률이 높기 때문에 조심하셔야 합니다.

point 03

뇌경색이 보장되는지 여부를 꼼꼼히 체크해야
뇌혈관 질환 환자 중 40~50%가 뇌경색입니다. 상대적으로 치명률이 낮다고 할 수 있지만, 절대적으로 환자 수나 사망자 수가 가장 많기 때문에, 뇌경색(I63)에 대한 보장은 반드시 필요하며, 보장여부를 꼼꼼히 체크하셔야 합니다.

point 04 진단금은 사망보험금 수준으로 크게 준비해야

뇌혈관 질환은 치료기간과 재활기간이 길고 후유증을 동반합니다. 따라서 단순히 치료비용 뿐만 아니라 소득상실 위험에 대한 대비가 중요하므로 진단금은 사망보험금 수준으로 크게 대비하는 것이 바람직합니다.

point 05 뇌혈관 질환은 노인질환이라는 선입견을 깨야

뇌혈관 질환 환자 10명 중 8명은 60대 이상입니다. 때문에 노인질환으로 오해하는 경우가 많은데, 가장 치명적인 뇌출혈은 나이에 상관없이 발생합니다. 기저질환이나 가족력이 있다면 미리 대비해야 합니다.

point 06 후유증이 대부분 생긴다는 점을 인식해야

뇌경색이 발생하고 4분 이후부터 뇌세포가 괴사하는 것으로 알려져 있고, 재생되지 않기 때문에 후유증이 불가피합니다. 가장 흔한 후유증은 편측사지마비로 정도의 차이는 있지만 환자의 90%에서 발생한다는 점을 강조하세요.

point 07 질병후유장해 특약의 가입을 고려해야

만약 뇌혈관 질환의 발생 가능성이 높아 보장을 준비하는 경우라면, 후유증으로 인한 질병후유장해 특약의 가입을 고려할 필요가 있습니다. 각 신체의 장해 정도에 따른 장해등급을 세심하게 설명해 주세요.

point 08 장기 간병에 대비한 보장준비도 필요해

환자의 절반 정도는 골든타임 이내에 병원에 도착하지 못하고, 후유증이 불가피하기 때문에 장기간의 치료 및 재활기간이 필요할 수 있습니다. 소득상실이나 장해 뿐만 아니라 장기간병에 대한 대비도 필요하다는 점도 챙겨 주세요.

1초라도 멈추면 죽는다.

심혈관 질환

김일성, 김정일도 피할 수 없었던 죽음

3대째 세습체제를 유지하고 있는 북한에서
무소불위의 권력자로 군림했던
김일성 부자의 사망원인은 심근경색입니다.

2006년 개그맨 김형곤, 2008년 거북이의 리더 터틀맨,
2009년 대한해협을 건넌 수영선수 조오련도
심근경색으로 생을 마감했습니다.

아무 증상도 없이 갑자기 사망하는 돌연사,
피로와 스트레스에 시달리다 사망하는 과로사의
원인도 대부분 심근경색입니다.

단 1초도 멈추지 않고 수축과 이완을 반복하는 심장에
산소와 에너지를 공급하는 관상동맥에
문제가 생기는 심혈관 질환은
자칫 목숨을 앗아갈 수 있는 무서운 질병입니다.

심혈관 질환 보장설계를 위한 기본 재료
INGREDIENTS

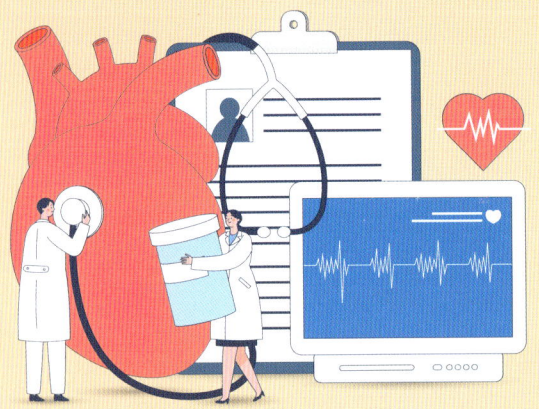

1 · 심장과 관상동맥
2 · 심장 질환
3 · 질병분류코드별 심장 질환
4 · 유병자 중 절반은 허혈성 심장 질환
5 · 성별 심장 질환 환자 수
6 · 사망원인이 심장 질환인 이유

1. 심장과 관상동맥

심장은 단 1초도 멈출 수 없고, 성인의 경우 1분에 60회에서 100회를 쉼없이 뜁니다. 평균 80회를 뛴다고 가정하면 하루에 11만 5,200회, 평균수명인 83세까지 산다면 평생 약 35억회를 뛰는 우리 몸의 엔진입니다. 온몸 구석구석까지 혈류를 공급하는 펌프의 역할을 하는 심장도 필요한 산소와 영양을 공급받아야 하는데, 심장에 필요한 혈류를 공급하는 혈관이 관상동맥입니다. 심혈관 질환은 관상동맥이 좁아지거나 막혀 필요한 혈류량을 공급하지 못해 심장 기능에 장애가 발생되는 질병입니다.

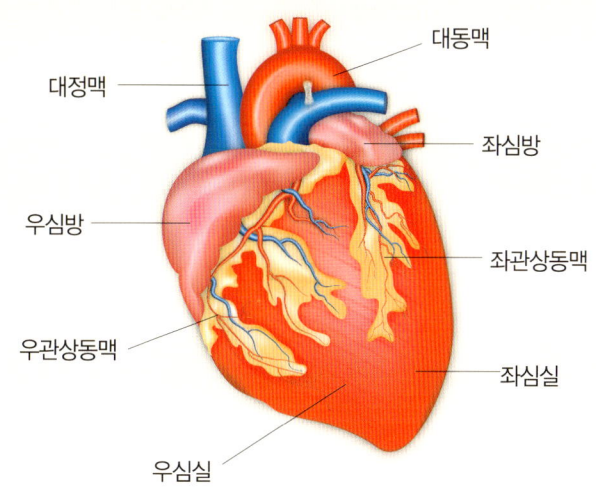

관상동맥(冠狀動脈)
심장근육에 혈액을 공급하는 혈관으로, 생긴 모양이 왕관처럼 생겼다고 하여 관상동맥이라고 한다.

2. 심장 질환

관상동맥질환 ▶	관상동맥이 좁아지거나 막혀 심장근육에 산소와 영양분을 충분히 공급하지 못해 발생하는 질환으로 허혈성 심장 질환 또는 심혈관 질환이라고 하며, 협심증과 심근경색이 대표적인 질환
부정맥 ▶	심장의 전기신호 생성이나 전달에 이상이 생겨 심장박동이 비정상적으로 빨라지거나(빈맥), 늦어지거나(서맥) 또는 불규칙해지는 질환
심부전 ▶	심장의 구조적 또는 기능적 이상으로 인해 심장이 혈액을 받아들이고 내보내는 이완, 수축기능이 저하되어 신체 조직에 필요한 혈액을 제대로 공급하지 못해 발생하는 질환
심장판막질환 ▶	심장에서 중요한 기능을 하는 판막에 이상이 생겨 혈액의 흐름이 원활하지 않거나 혈액의 역류가 일어나는 등 심장의 4개의 방 중 하나 이상이 제대로 작동하지 못하는 질환
심근질환 ▶	별다른 심장 질환 없이 심장근육에 이상이 생겨 발생하는 질환으로 호흡곤란, 흉통, 두근거림이 대표적인 증상

3. 질병분류코드별 심장 질환

구분	질병분류코드 및 질병명	
급성 류마티스열	I00 심장 침범에 대한 언급이 없는 류마티스열 I02 류마티스 무도병	I01 심장 침범이 있는 류마티스열
만성 류마티스 심장 질환	I05 류마티스성 승모판 질환 I07 류마티스성 삼첨판 질환 I09 기타 류마티스 심장 질환	I06 류마티스성 대동맥판 질환 I08 다발 판막 질환
허혈 심장 질환	I20 협심증 I22 후속 심근경색증 I24 기타 급성 허혈 심장 질환	I21 급성 심근경색증 I23 급성 심근경색증 후 특정 현존 합병증 I25 만성 허혈 심장병
폐성 심장병	I27 기타 폐성 심장 질환	
기타 형태의 심장병	I30 급성 심장막염 I32 달리 분류된 질환에서의 심장막염 I34 비류마티스성 승모판 장애 I36 비류마티스성 삼첨판 장애 I40 급성 심근염 I42 심근병증 I47 발작성 빈맥 I49 기타 심장 부정맥 I51 심장병의 불명확한 기록 및 합병증 A39.5+ 수막알균성 심장 질환	I31 심장막의 기타질환 I33 급성 및 아급성 심내막염 I35 비류마티스성 대동맥판 장애 I38 상세불명 판막의 심내막염 I41 달리 분류된 질환에서의 심근염 I46 심장 정지 I48 심방 세동 및 조동 I50 심부전 I52 달리 분류된 질환에서의 기타 심장장애 B37.6+ 칸디다 심내막염

(자료 : 제8차 한국표준질병사인분류표, KOICD 질병분류 정보센터)

4. 유병자 중 절반은 허혈성 심장 질환

구분	협심증	심근경색	부정맥	심부전	기타 심장 질환
2017년	645,365	100,600	349,980	221,315	135,656
2018년	667,458	110,773	371,445	224,392	157,985
2019년	682,057	118,872	398,497	228,516	181,049
2020년	674,598	122,231	402,766	228,915	210,909
2021년	703,749	127,066	442,959	239,682	245,529
2022년	705,722	131,759	459,727	245,097	280,035
2023년	712,806	139,147	486,956	256,953	307,701

(자료 : 보건의료빅데이터개방시스템, 통계청, 2023년 기준 / 단위 : 명)

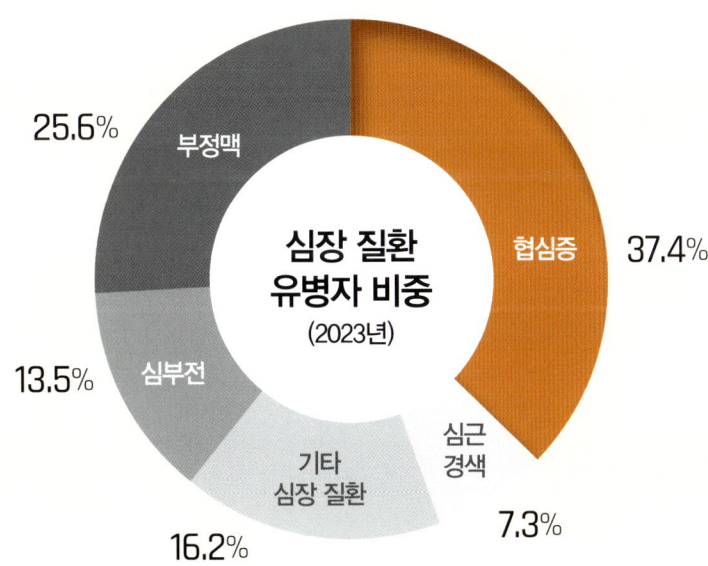

심장 질환 유병자 비중 (2023년)
- 부정맥 25.6%
- 협심증 37.4%
- 심근경색 7.3%
- 기타 심장 질환 16.2%
- 심부전 13.5%

(자료 : 보건의료빅데이터개방시스템, 통계청, 2023년 기준)

5. 성별 심장 질환 환자 수

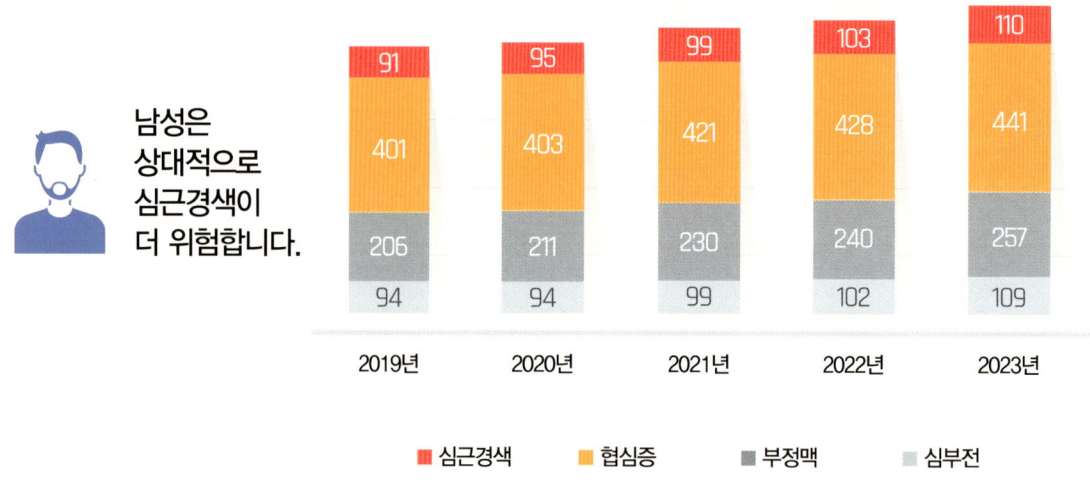

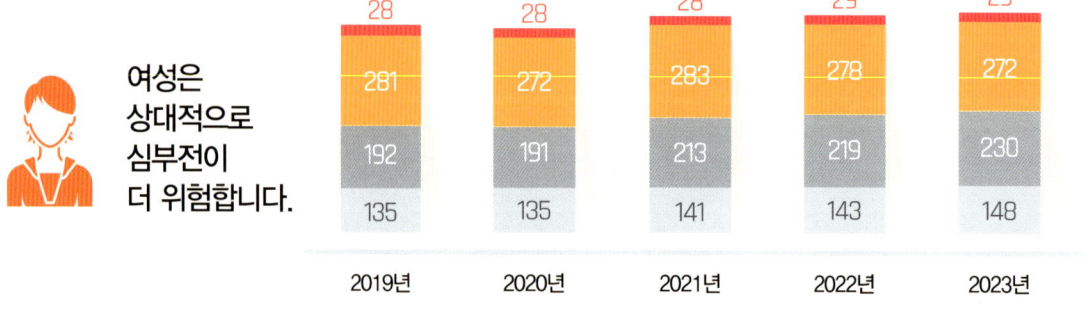

(자료 : 보건의료빅데이터개방시스템, 통계청, 2023년 기준 / 단위 : 천명)

6. 사망원인이 심장 질환인 이유

사망자 중 심혈관 질환, 즉 허혈성 심장 질환의 사망자보다 기타 심장 질환 사망자가 더 많습니다. 때문에 사망원인 중 뇌는 뇌혈관 질환이지만, 심장은 심혈관 질환이 아니라 심장 질환임에 주의해야 합니다.

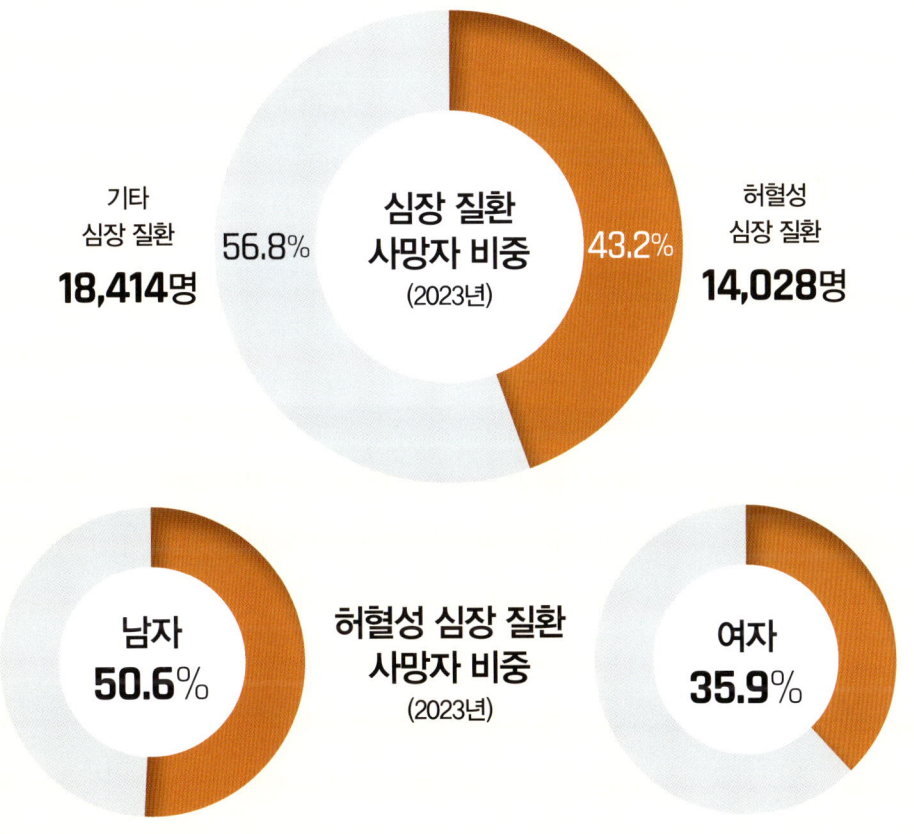

남자 전체 심장 질환 사망자 **16,265**명 중
허혈성 심장 질환 사망자 **8,223**명(50.6%)

여자 전체 심장 질환 사망자 **16,177**명 중
허혈성 심장 질환 사망자 **5,805**명(35.9%)

(자료 : 2023 사망원인통계, 통계청, 2024.10)

심혈관 질환
Cardiovascular Disease

꽉 막힌 교통체증,
속 터지시죠?

STEP 01

속 터지는 교통체증처럼 관상동맥이 꽉 막히는 질환입니다.

심혈관 질환은 심장 질환 중 심장에 산소와 에너지를 공급하는 관상동맥이 좁아지거나 막히면서 발생하는 질환입니다. 혈관이 좁아지면 공급되는 혈액량이 줄어 혈액이 비어 있다는 의미에서 허혈 심장 질환이라고도 합니다.

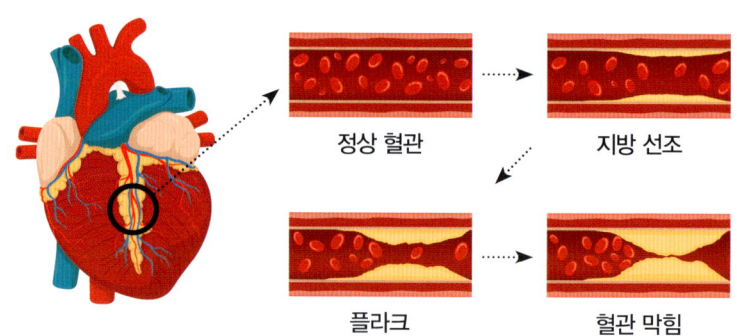

STEP 02

심혈관 질환 유병자는 지속적으로 증가하는 추세입니다.

2019년 약 113만명이던 심혈관 질환 유병자는 2023년 약 130만명으로 17만 1천여명, 15.1% 증가하였습니다. 심혈관 질환 유병자는 지속적인 증가 추세를 보이고 있습니다.

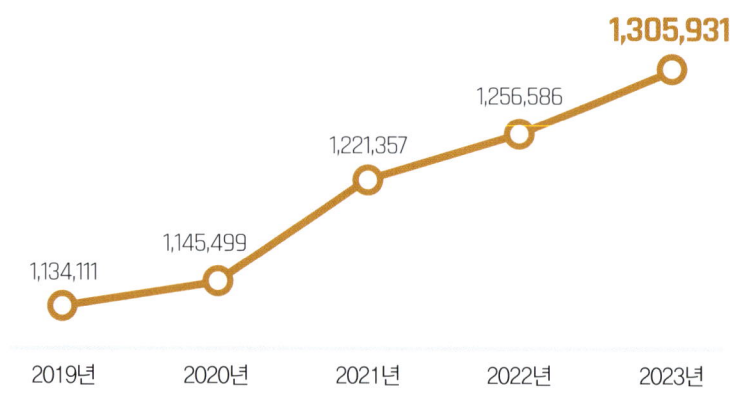

(자료 : 보건의료빅데이터개방시스템, 통계청, 2023년 기준 / 단위 : 명)

심혈관 질환은 남성이 더 위험하며 특히 심근경색은 압도적으로 많습니다.

STEP 03

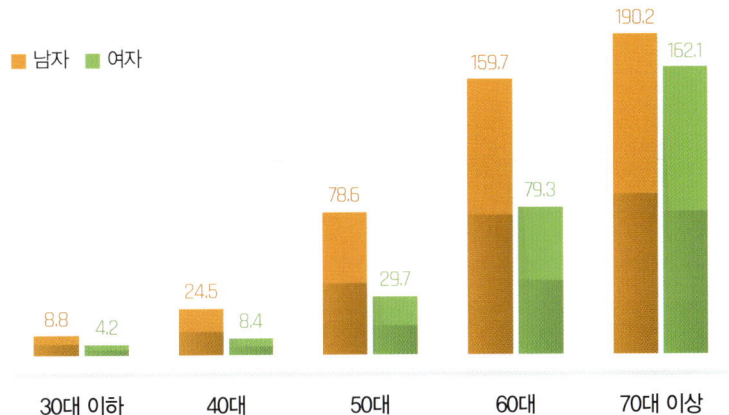

| 성별 · 연령별 협심증 환자 수 |

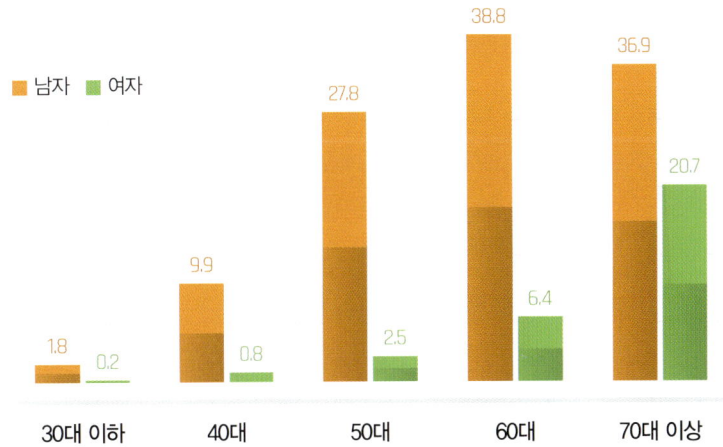

| 성별 · 연령별 심근경색증 환자 수 |

(자료 : 보건의료빅데이터개방시스템, 통계청, 2023년 기준 / 단위 : 천명)

성별 심혈관 질환 유병자를 살펴보면 남성에게서 더 많이 발생합니다. 특히 심근경색의 경우 압도적으로 남성유병자가 많기 때문에 관심과 주의가 필요합니다.

연령별 유병자의 경우 남녀 모두 50대 이후에 급격히 증가합니다. 심혈관 질환은 나이가 많아 질수록 더 많이 발생하는 퇴행성의 특징을 가지고 있어서 50대 이후의 혈관 좁아짐에 주의해야 합니다.

특히 고지혈증이나 고혈압, 당뇨병 등 만성질환이 있는 경우 발생 확률이 더 높기 때문에, 가급적 빨리 심혈관 질환에 대한 보장을 준비하는 것이 바람직합니다.

STEP 04

심혈관 질환 환자의 63.2%는 협심증 환자입니다.

심혈관 질환 환자 중 협심증 환자가 63.2%로 가장 많고, 심근경색 12.4%의 약 5배입니다. 심근경색 중에서는 I21 급성 심근경색증이 13만 8천 여명으로 가장 많고, 기타 심혈관 질환 중에서는 I25 만성 허혈 심장병이 약 27만 1천 여명으로 가장 많습니다.

따라서 보장 준비시 협심증이 반드시 포함되어야 하며, 심근경색의 경우 I21~I23까지 모두 보장할 수 있도록 준비해야 합니다. 또 만성 허혈 심장병에 대한 보장이 가능한 지 꼼꼼히 챙겨야 합니다.

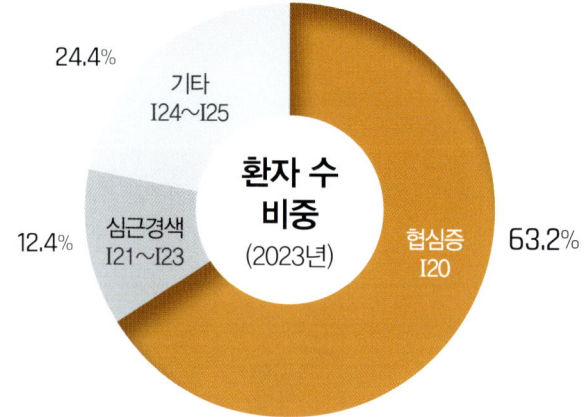

(자료 : 보건의료빅데이터개방시스템, 통계청, 2023년 기준)

구분		환자		사망자	
		인원 수(명)	비중(%)	인원 수(명)	비중(%)
협심증	I20	712,806	63.2		
심근경색	I21	138,584	12.3	9,609	68.5
	I22	636	0.06	1,372	9.8
	I23	400	0.04		
기타	I24	3,809	0.3		
	I25	271,383	24.1	3,047	21.7
계		1,127,618		14,028	

※ ☐는 I20, I22, I23, I24의 사망자를 합산한 숫자임

- 협심증 : I20 협심증
- 심근경색 : I21 급성 심근경색증 / I22 후속 심근경색증 / I23 급성 심근경색증 후 특정 현존 합병증
- 기타 : I24 기타 급성 허혈 심장 질환 / I25 만성 허혈 심장병

(자료 : 보건의료빅데이터개방시스템, 2023 사망원인통계, 통계청 / 단위 : 명, %)

환자 수는 협심증이 약 5배 많지만, 심근경색이 훨씬 더 치명적입니다.

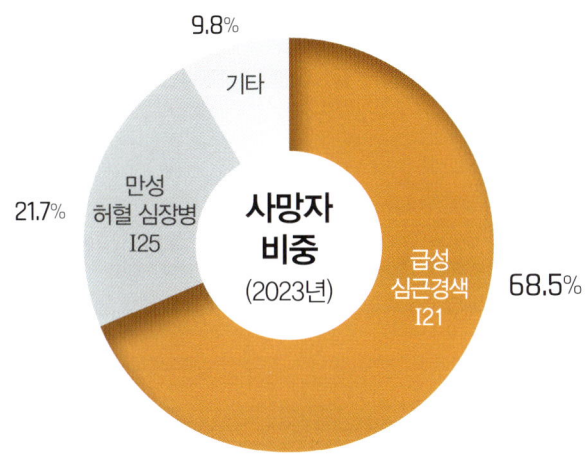

(자료 : 2023 사망원인통계, 통계청, 2024.10)

STEP 05

2023년 사망원인통계를 살펴보면, 심혈관 질환 환자 중 68.5%는 I21 급성 심근경색증으로 사망하였습니다. 상대적으로 환자 수가 많았던 만성 허혈 심장병으로 사망한 비중은 21.7%입니다. 발병률은 낮지만, 상대적인 치명률이 가장 높은 질환은 심근경색입니다.

심장 질환은 악성신생물에 이어 우리나라 사망원인 2위입니다.

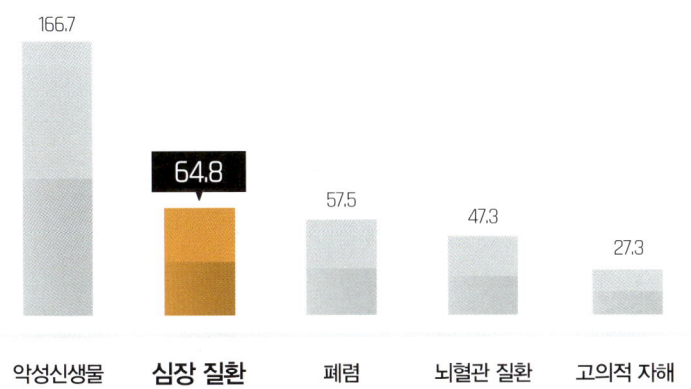

(자료 : 2023 사망원인통계, 통계청, 2024.10 / 단위 : 인구 10만명당 명)

STEP 06

2023년 우리나라 사망원인 1위는 악성신생물, 즉 암이며, 2위 심장 질환, 3위 폐렴, 4위 뇌혈관 질환, 5위 고의적 자해 입니다. 암은 여러 부위의 암종을 포괄하는 것이므로, 단일 부위로 실질적 사망률 1위는 심혈관 질환이라 할 수 있습니다.

STEP 07

심혈관 질환은 반드시 비싼 수술비에 대비해야 합니다.

2023년 주요 수술통계연보에 따르면 관상동맥우회술을 제외한 심장수술비는 3,683만원, 관상동맥우회술의 수술비는 3,525만원입니다. 뇌기저부 수술 2,030만원 대비 약 1.8배, 34개 주요 수술 평균 423만원 대비 약 8.7배 수준으로 주요 수술 중 가장 비싼 수술입니다. 때문에 보장을 준비할 때 수술비를 반드시 포함하는 것이 좋습니다.

관상동맥우회술

신체 다른 부위의 동맥이나 정맥을 이용하여 좁아진 관상동맥을 우회시켜 심근에 대한 혈액 공급을 정상적으로 돌리거나 증가시키는 수술입니다. 전신마취 하에 진행하고 개흉술을 시행하기 때문에 스텐트삽입술 등에 비해 흉터나 출혈이 많고, 회복이 느린 것이 단점입니다.

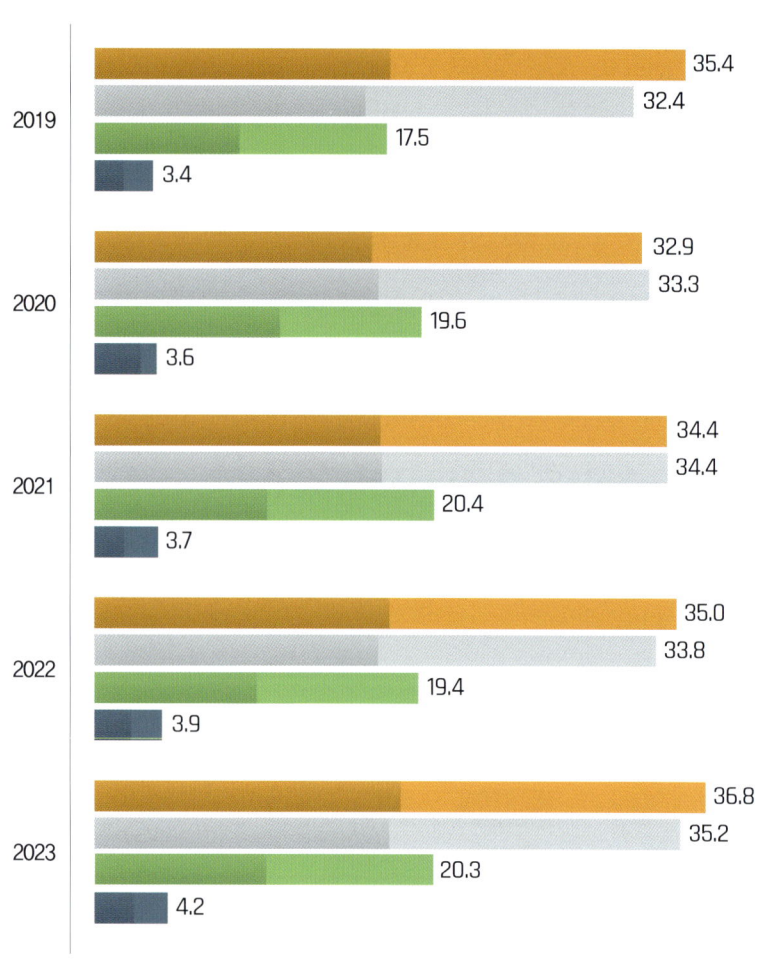

■ 심장수술(관상동맥우회술 제외)   ■ 관상동맥우회술
■ 뇌기저부수술   ■ 34개 주요수술평균

연도	심장수술	관상동맥우회술	뇌기저부수술	34개 주요수술평균
2019	35.4	32.4	17.5	3.4
2020	32.9	33.3	19.6	3.6
2021	34.4	34.4	20.4	3.7
2022	35.0	33.8	19.4	3.9
2023	36.8	35.2	20.3	4.2

(자료 : 2023 주요 수술통계연보, 국민건강보험, 2024.12 / 단위 : 백만원)

심혈관 질환은 수술이 불가피한 질병입니다.

STEP 08

| 다빈도 수술 질환별 순위 20위 |

순위	코드	질환명	수술인원 (명)	수술건수 (건)
1	H25	노년백내장	331,180	501,159
2	K64	치핵 및 항문주위 정맥혈전증	143,101	145,034
3	K80	담석증	84,757	96,123
4	H26	기타백내장	64,997	89,859
5	M17	무릎관절증	71,639	77,024
6	K35	급성충수염	64,943	67,571
7	M51	기타추간판장애	62,630	64,785
8	M48	기타척추병증	45,653	47,041
9	I20	협심증	37,711	39,468
10	O82	제왕절개에 의한 단일분만	36,227	36,454
11	S32	요추 및 골반의 골절	33,953	35,719
12	K40	사타구니 탈장	33,749	34,472
13	O33	불균형에 의한 산모관리	33,286	33,357
14	C73	갑상선의 악성신생물	29,780	30,394
15	C50	유방의 악성신생물	29,059	30,208
16	C22	간 및 간내담관의 악성신생물	20,588	29,944
17	I21	급성심근경색증	26,943	28,841
18	O34	골반기관 이상에 대한 산모관리	26,027	26,140
19	J32	만성부비동염	24,749	25,598
20	J35	편도·아데노이드의 만성질환	21,608	25,598

(자료 : 2023 주요 수술통계연보, 국민건강보험, 2024.12)

우리나라에서 가장 많이 시행하는 다빈도 수술 TOP20입니다. 노년백내장, 치질, 맹장, 축농증, 제왕절개, 관절증 등 흔히 볼 수 있는 비교적 간단하고 쉽지만, 많이 하는 수술이 대부분입니다.

이 다빈도 수술 TOP20 중 9위에 I20 협심증, 17위에 I21 급성심근경색증이 포함되어 있습니다. 그만큼 자주 하는 수술이라는 것이고, 또 심혈관 질환은 수술이 불가피한 질환이라는 것을 의미하는 것이기도 합니다.

STEP 09

급성 심정지 환자 10명 중 8명은 심혈관 질환 등 질병이 원인입니다.

2023년 급성 심정지 발생률은 인구 10만 명당 65.7명으로 2022년 대장암 64.7명, 폐암 63.0명 등 주요 암의 발생률 보다 높습니다. 발생자 중 76.7%는 심장질환, 뇌출혈 등 질병이 원인이었고, 22.7%는 질병 이외의 요인으로 발생하였습니다.

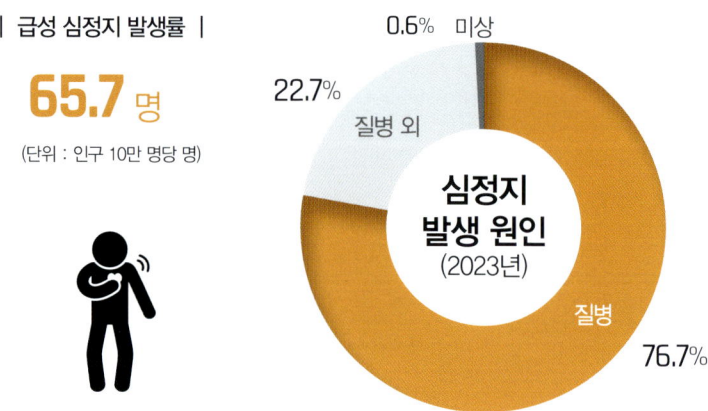

(자료 : 2023 급성심장정지조사 통계, 질병관리청, 2024.12)

STEP 10

급성 심정지는 회복이 어렵고 정상생활로 돌아오기도 힘듭니다.

급성 심정지 발생시 생존율은 8.6%, 뇌기능의 회복률은 5.6%에 불과합니다. 다행히 생존하더라도 손상된 뇌기능이 회복되지 않아 다양한 후유증이 발생하고 정상생활을 영위하기 어렵습니다.

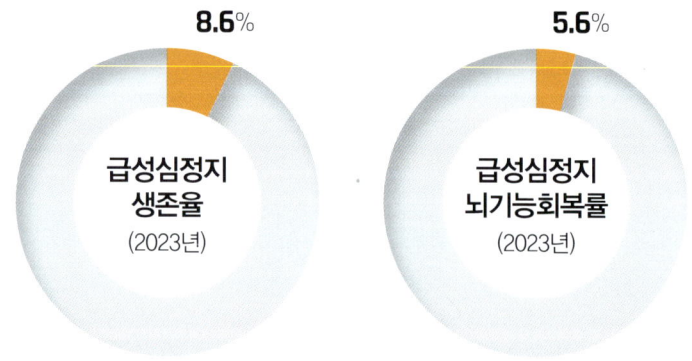

(자료 : 2023 급성심장정지조사 통계, 질병관리청, 2024.12)

Epilogue

심혈관 질환, 달리는 차의
화재만큼 무섭습니다.

보장설계 프로세스를 한 눈에
CONSULTING MAP

01 꽉 막힌 교통체증 속 터지시죠?
심혈관 질환은 속터지는 교통체증처럼 관상동맥이 꽉 막히는 질환

02 심혈관 질환 유병자는 계속해서 증가 추세
2019년 113만 명 대비 2023년 130만 명으로 4년새 15.1% 증가

08 수술이 불가피한 심혈관 질환
2023년 다빈도 수술 TOP20에 9위 협심증, 17위 급성심근경색증 포함

07 심혈관 질환은 반드시 비싼 수술비에 대비해야
2023년 심장수술 3,683만원, 관상동맥우회술 3,525만원, 뇌수술의 1.8배

09 급성 심정지환자 10명 중 8명은 질병이 원인
2023년 급성 심정지환자 76.7%는 심혈관 질환 등 질병으로 발생

10 급성 심정지는 회복 어렵고 정상생활 복귀 곤란
급성심정지 환자의 생존율 8.6%, 뇌기능회복률 5.6%에 불과

03 남성이 더 위험하고 특히 심근경색은 압도적

퇴행성으로 남녀 모두 50대 이후 급격히 증가, 심근경색은 남성이 압도적으로 많아

04 심혈관 질환 환자의 63.2%는 협심증

심근경색 12.4%보다 5배 더 많아 I20~I25까지 보장 가능 여부 점검 필요

06 심장 질환은 암에 이어 우리나라 사망원인 2위

암이 여러 부위의 암종을 포괄하는 개념임을 감안하면 실질적 사망원인 1위

05 환자수는 협심증이 많지만 치명률은 심근경색이 높아

심혈관 질환 사망자 중 68.5%는 심근경색, 21.7%는 만성 허혈 심장병

EPILOGUE

심혈관 질환, 달리는 차의 화재만큼 무섭습니다.

맛있고 풍성한 보장설계를 위한
CONSULTING TIP

QUESTION 01

제 고객 중에 고혈압을 예방하기 위해서 저용량 아스피린을 매일 복용하시는 분이 계세요. 그래서 심·뇌혈관 질환의 위험이 없다고 자신하시는데 맞는 이야기인가요?

point 01 아스피린은 심근경색과 뇌졸중을 예방하는 효과가 있습니다.

해열, 진통, 소염제인 아스피린이 혈압을 낮춰주고 끈적이는 혈액을 용해시켜 심근경색과 뇌졸중을 예방하는 효과가 있다는 것은 의학 교과서에 기재될 정도의 사실입니다. 저용량이어서 알약도 작고, 속이 쓰리지 않으며, 하루 한 번 복용으로 편리하다는 점, 특히 대장암 예방효과도 있다고 알려져 있고, 오랜기간 동안의 임상결과로 입증된 효과이기 때문에 굳은 신뢰를 형성하고 있습니다.

point 02 동맥경화성 심·뇌혈관 질환의 1차 예방 효과에는 이견이 많습니다.

1차 예방은 위험성은 있어도 병을 앓은 적이 없는 사람에게 그 병이 생기지 않도록 하는 예방이고, 2차 예방은 이미 병을 앓은 사람이 같은 병이 다시 생기지 않도록 하는 예방입니다. 교과서에 실린 아스피린의 심뇌혈관 질환의 예방 효과는 2차 예방 효과입니다. 2014년 일본에서 14,464명을 6.5년간 추적한 연구와 2019년 미국의사협회저널의 13만 4,446명을 대상으로 한 연구 논문 등에서 1차 예방효과는 유효하지 않으며, 오히려 부작용 발생 확률이 높아졌다는 결과가 나왔습니다. 따라서 아스피린을 복용하고 있어서 심뇌혈관 질환의 위험이 없다고 이야기 할 수 없습니다.

QUESTION 02

뇌혈관 질환은 일과성 뇌허혈발작과 같은 전조증상이 있어서 초기 대응이 가능한데, 심혈관 질환의 경우에도 스스로 점검할 수 있는 전조증상 같은 것이 있을까요?

POINT 흉통, 숨가쁨 등 일반적인 증상이 아닌 의외의 증상을 알아 두세요.

❶ 감기는 아닌데 계속되는 기침

감기 증상이 없는데도 기침만 지속된다면 심부전과 같은 심장 질환을 의심해 볼 수 있습니다.
특히 잠자는 중 마른 기침이 지속된다면 흉부 엑스레이와 심장초음파 등 정밀진단을 받는 것이 좋습니다.

❷ 앉았다 일어설 때 어지럼증

아침에 잠자리에서 일어날 때, 화장실에서 볼 일을 보고 일어설 때, 장시간 서 있을 때 갑자기 어지럼증이 나타난다면, 기립성 저혈압이나 부정맥을 의심해 볼 수 있습니다.

❸ 턱과 잇몸, 어깨와 겨드랑이 통증

허혈성 심장 질환의 전형적 증상은 방사통입니다. 턱과 잇몸이 아픈데 치과의 이상소견이 없거나, 어깨나 겨드랑이의 통증이 있는데 정형외과의 이상소견이 없다면 허혈성 심장 질환일 수 있습니다.

❹ 입맛은 없는데 체중은 증가

다리나 몸이 붓고 체중이 급격히 증가하는 경우 심부전을 의심할 수 있습니다. 식욕은 없는데 체중이 갑자기 증가하고 피로감이나 호흡곤란 증상이 있다면 검사를 받아 볼 필요가 있습니다.

❺ 디스크 환자가 아닌데 다리가 저릿

동맥경화로 인해 혈관이 막혀 근육에 충분한 혈액이 공급되지 못할 경우 다리의 특정 부위가 저릿하거나 찌르는 듯한 통증이 발생할 수 있고, 심부전이나 말초혈관질환을 의심할 수 있습니다.

QUESTION 03

배우기는 했는데 기본적인 것만 학습하다 보니 막상 컨설팅할 때 곤란했던 경험이 있어요. 심혈관 질환과 관련하여 알아두면 좋은 상식이나, 컨설팅에 도움이 되는 의학정보 좀 알려주세요.

POINT 전문적인 내용 보다 일반 의학상식이 상담에 도움이 됩니다.

❶ 협심증 환자의 필수 휴대품 '니트로글리세린'

'니트로글리세린'은 혈관확장제의 일종으로 협심증이 발생하면 혀 밑에 알약을 넣거나 액체 형태로 뿌리면 증상이 완화됩니다. 먹지 않고 혀 밑에 넣거나 뿌리는 이유는 혈관을 통해 심장으로 들어가서 빠르게 폐를 통해 심장에 산소를 공급할 수 있기 때문입니다.

❷ 심근경색을 앓고 있다면 '아침 9시'를 조심

기상 직후 스트레스 호르몬인 코티졸의 농도가 높아져 혈관을 수축하고 혈압, 심박수, 혈당이 높아지며, 자는 동안 체내 수분이 증발해 혈액이 끈적끈적하게 되기 때문에 심근경색의 발생률이 증가합니다. 따라서 심근경색을 앓고 있다면 아침에 과도한 신체활동은 자제하는 것이 좋습니다.

❸ 혼자 쓰러졌고 의식이 있다면 최대한 크게 '기침'하라.

기침을 하면 가슴 내의 압력이 증가하면서 심장 근육을 자극하고 혈액순환을 촉진시키게 됩니다. 또 뇌로 향하는 혈류를 증가시켜 의식을 유지하고 심장박동을 회복하는데 도움을 줄 수 있습니다. 만약 혼자서 심혈관 질환으로 쓰러졌다면 119 구조대에 전화하고 구조대가 도착하기 전까지 1~2초 마다 가능한 크게 기침을 하는 것이 좋고, 증상이 사라지는 경우도 많은 것으로 알려져 있습니다.

❹ 가슴을 부여잡고 쓰러지는 사람을 발견한다면

어깨를 두드리며 '괜찮으세요?' 등의 말을 걸어 의식을 확인하고, 119 구조대에 신고합니다. 호흡이 있는지 여부를 확인하고, 의식도 없고 호흡이 없다면 심폐소생술을 실시해야 합니다.

QUESTION 04

심혈관 질환은 수술비에 대한 보장이 꼭 필요하다고 생각합니다. 다만, 입원비와 통원치료비는 어떻게 설계하는 것이 고객에게 도움이 될지 궁금합니다.

POINT 협심증은 통원치료비, 심근경색은 입원의료비가 중요합니다.

협심증의 외래 요양급여비용은 22.4%이지만 외래 내원일수는 입원의 6.1배로 상대적으로 외래의 비중이 높습니다. 입원을 하지 않거나 짧게 입원하고 통원하는 것이 일반적이기 때문입니다. 반면 심근경색은 요양급여비용 중 입원이 93.5%로 압도적으로 많고, 입원 내원일수 비중이 38.8%로 상대적으로 높습니다. 따라서 고객의 상태와 상황, 니즈에 따라 입원의료비와 통원의료비도 꼼꼼하게 보장하는 것이 좋습니다.

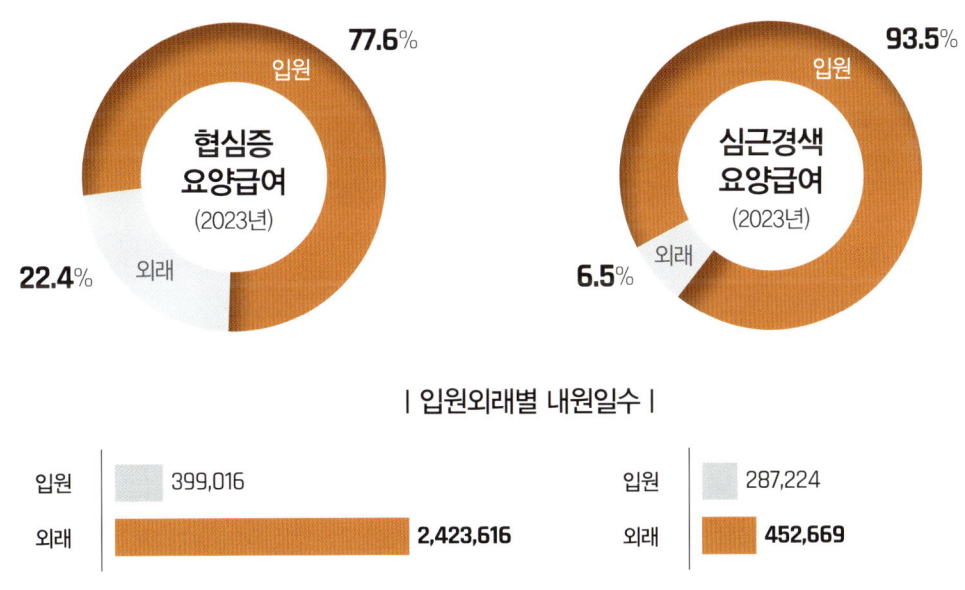

(자료 : 보건의료빅데이터개방시스템, 통계청, 2023년 기준 / 단위 : 일)

보장설계시 이것만은 꼭 챙겨야 할
CONSULTING POINT

point 01

심장 질환은 실질적인 사망원인 1위

심장 질환은 2023년 우리나라 사망원인 2위입니다. 하지만 1위인 악성신생물이 여러 부위의 암종을 포괄하는 개념이라는 점을 감안하면, 단일 부위의 사망원인으로는 실질적인 1위라고 할 수 있습니다.

point 02

여성 보다 남성이 더 조심하고 준비해야

심혈관 질환은 남성에게서 더 많이 발생하고 특히 심근경색의 경우 40대 12배, 50대 11배, 60대 6배로 남성이 압도적으로 많습니다. 남녀 모두 50대 이후 혈관 좁아짐에 조심해야 하지만 남성은 특히 더 두터운 대비가 필요합니다.

point 03

협심증의 보장 여부 꼼꼼하게 체크해야

심혈관 질환 환자 중 63.2%는 협심증으로 12.4%인 심근경색보다 약 5배 많습니다. 치명률은 심근경색이 높지만 환자수는 절대적으로 협심증이 많기 때문에 질병분류코드 I20 협심증의 보장 여부를 꼼꼼하게 체크하셔야 합니다.

point 04

남성의 진단금은 사망보험금 수준으로 크게 준비해야

심근경색 발생률은 남자가 압도적으로 높고, 심혈관 질환 사망자의 68.5%가 심근경색일 정도로 치명률이 높기 때문에, 가장으로서 경제적 책임을 지고 있을 가능성이 높은 남자의 진단금은 사망보험금 수준으로 크게 준비해야 합니다.

point 05

만성 허혈심장병, 의외의 복병이 될 수 있어

I25 만성 허혈심장병의 유병자는 2023년 약 27만 1천 여명으로 급성심근경색증 13만 8천 여명의 1.95배입니다. 사망자는 3,047명으로 심근경색 다음으로 많습니다. 만성 허혈심장병의 보장 여부와 범위도 체크포인트라 할 수 있습니다.

point 06

기타 심장 질환에 대한 보장도 확인해야

기타 심장 질환은 심장 질환 유병자 중 55.3%, 심장 질환 사망자 중 56.8%로 허혈성 심장 질환보다 높습니다. 따라서 심장 질환 환자의 13.5%인 I50 심부전, 25.6%인 I49 부정맥 등의 보장도 점검이 필요합니다.

point 07

심혈관 질환 보장설계시 수술비는 반드시 포함

2023년 기준 관상동맥우회술을 제외한 심장수술 3,683만원, 관상동맥우회술 3,525만원으로 뇌수술의 1.8배, 34개 주요 수술 평균의 8.7배 수준으로 가장 비싼 수술입니다. 때문에 수술비 보장은 필수라는 점을 강조해 주세요.

point 08

심혈관 질환도 후유증에 대한 대비가 필요

심혈관 질환도 다양한 후유증에 대한 대비가 필요합니다. 특히 급성 심정지의 경우 생존율 8.6%, 뇌기능 회복률 5.6%로 후유증이나 합병증 발생에 대비하여 질병후유장해 특약 또는 장기간병 특약 등의 가입을 고려할 수 있습니다.

가족이 함께 앓는 슬픈 질병

치매

여보, 리모콘 어디다 두었어요?

남편이 냉장고 문을 열자 TV리모콘이 놓여 있습니다.
'여보, 리모콘 어디다 두었어요?' 남편이 묻자,
'아이, 거기 식탁위에 있잖아요. 잘 찾아 보세요'
빨래를 정리하던 부인이 대답합니다.
남편은 말없이 식탁위에 리모콘을 놓아 둡니다.

어느 전자회사의 냉장고 광고입니다.
하지만 이 광고는 치매의 80% 이상을 차지하고 있는
'알츠하이머병'을 가장 잘 표현하고 있습니다.

알츠하이머병은 뇌 중앙의 해마조직에 이상이 생겨
점차 기억력이 약해지는 것이 가장 큰 특징입니다.
분명 질병이지만, 뇌가 늙어가는 것이기도 합니다.
나이가 들면 눈도 침침해 지고, 귀도 안들리 듯
뇌도 쌩쌩하게 유지되기는 어렵겠지요.

누구도 나이가 들고 늙는 것을 피할 수 없듯이
치매는 누구에게나 발생할 수 있습니다.

치매 보장설계를 위한 기본 재료
INGREDIENTS

1 · 치매의 정의
2 · 치매의 종류
3 · 치매의 원인 질환
4 · 치매의 진단
5 · 경도인지장애
6 · 치매의 약물치료
7 · 치매 지원 서비스

1. 치매의 정의

치매는 정상적인 생활을 하던 사람에게 기억력 저하 등 인지기능의 장애가 나타나 스스로 일상생활을 하기 어려운 상태를 말합니다. 즉 치매는 하나의 질병 진단명이라기 보다는 특정한 증상들이 나타나서 어떤 기준을 만족시키는 경우를 지칭하는 일종의 증후군 또는 증상복합체라고 할 수 있습니다. 다만, 나이가 들면서 발생하는 자연스러운 노화 현상이 아니라, 더 뚜렷하고 분명한 기억력 저하와 판단력 장애 등이 동반되는 질병입니다.

2. 치매의 종류

알츠하이머병

치매 중 가장 흔한 대표적인 질환으로 1907년 최초로 발견한 독일의사 알로이스 알츠하이머(Alois Alzheimer)의 이름에서 유래된 병명입니다.

뇌에 비정상적인 물질들이 축적되거나, 신경세포의 신경원섬유들이 비정상적으로 꼬여 있거나, 지적능력을 유지하는데 필요한 신경세포들이 없어지거나, 신경세포 간 신호를 전달하는 특정 화학물질의 양이 감소하는 병리학적 변화가 관찰됩니다. 처음에는 가벼운 건망증으로 시작해 매우 서서히 발병하며 점진적으로 진행되는 경과가 특징입니다. 기억력 장애에서 시작하지만 언어기능이나 판단력 등 다른 인지기능의 이상을 동반하게 되고, 결국에는 모든 일상생활 기능을 상실하게 됩니다.

혈관성 치매

뇌혈관 질환 등으로 뇌조직이 손상을 입어 발생하는 치매입니다. 뇌혈관 질환의 종류, 크기, 위치에 따라 다양한 증상과 경과를 나타내고, 뇌경색이나 뇌출혈, 반복적인 일과성 뇌허혈발작 등이 직접적인 원인이 되며, 고혈압, 당뇨, 고지혈증이 있는 경우 위험이 증가합니다.

혈관성 치매는 갑자기 발생하거나 급격히 상태가 악화된다는 점에서 알츠하이머병과 다르고, 편측감각저하, 시야장애, 안면 마비, 사지경직, 대소변 장애 등 알츠하이머병과 다른 형태의 증상이 나타나는 것이 특징입니다.

루이소체 치매

알파 시누클린(α-synuclein)이라는 단백질이 뇌에 과도하게 축적되어 발생하는 치매입니다. 이 단백질 덩어리를 최초로 발견한 독일의 신경학자 프리드리히 루이(Friedrich H. Lewy)의 이름을 따서 루이소체(Lewy Body)라고 부릅니다.

손 떨림, 행동 느려짐, 종종걸음, 렘수면행동장애 등 파킨슨병 증상이 나타나고, 실제로 존재하지 않는 사물이 보이는 환시 또는 환청 등은 다른 치매에서 볼 수 없는 특징적 증상입니다. 또한 증상이 갑자기 심해졌다가 좋아지기를 반복하는 것이 알츠하이머병과 다른 점입니다.

전두측두엽 치매	뇌의 전두엽이나 측두엽의 앞쪽부터 진행되는 치매입니다. 말을 이상하게 하거나, 충동을 조절하지 못하거나, 판단력이 저하되는 증상이 나타납니다.
초로기 치매	원인 질환에 상관없이 65세 이전에 발병하는 치매를 말합니다. 생산활동을 왕성히 해야 하는 연령대에서 발생하여 환자의 경력이 단절되어 가족의 경제적 어려움이 가장 큰 치매입니다.
알콜성 치매	알콜이 신경세포에 부정적인 영향을 주어 발생하는 치매로 기억력 저하, 비틀거리는 걸음걸이, 엉뚱한 말을 지어내는 작화증 등 다양한 증상이 나타납니다. 알콜성 치매는 고의적 약물중독과 비슷한 개념으로 간주하여 면책사항에 해당하므로, 보험상품에서 보상하지 않음에 주의하여야 합니다.
기타 치매	기타 뇌종양, 뇌수두증, 파킨슨병, 헌팅턴병, 크로이츠펠트–야콥병, 픽병 등 질병이나 외부 충격에 의한 두부 손상, 약물 중독 등으로 발생하거나 혹은 원인을 명확히 알 수 없는 치매를 말합니다.

질병분류코드별 치매

구분	질병명	비고
F00	알츠하이머병에서의 치매	
F01	혈관성 치매	F01.2 피질하 혈관성 치매
F02	달리 분류된 기타 질환에서의 치매	F02.3 파킨슨병에서의 치매
F03	상세불명의 치매	초로성 치매
G30	알츠하이머병	
G31	달리 분류되지 않은 신경계통의 기타 퇴행성 질환	G31.82 루이소체 치매

(자료 : 제8차 한국표준질병사인분류표, 질병분류 정보센터)

3. 치매의 원인 질환

파킨슨 병	중뇌에 위치한 흑질이라는 부위의 신경세포가 서서히 소실되어 운동에 필요한 도파민이라는 신경전달물질을 분비하지 못해 발생하는 만성 진행성 퇴행성 질환입니다. 영국 의사 제임스 파킨슨(James Parkinson)이 발견했고, 어둔하고 동작의 느림, 손 떨림, 근육 강직, 자세 불안정 등의 증상이 나타납니다.
헌팅턴 병	미국 의사 헌팅턴이 발견하여 명명한 질환으로, 뇌의 특정 부위의 신경세포가 선택적으로 파괴되어 가는 퇴행성 뇌질환입니다. 기억력, 언어능력, 판단력이 저하되고, 얼굴이나 팔다리가 자신의 의도와 상관없이 마음대로 움직여 마치 춤추는 것과 같다고 하여 무도증이라고도 합니다.
크로이츠펠트-야콥 병	독일 의사인 크로이츠펠트와 야콥이 처음 보고한 퇴행성 신경질환입니다. 프리온 단백질의 이상으로 인해 뇌에 스펀지처럼 구멍이 뚫리고 신경세포가 죽으면서 뇌기능을 잃게 되는 해면뇌병증으로 소에게 발병되는 것이 광우병입니다. 기억력 저하, 시야장애, 행동장애, 근육경련 등의 증상이 나타납니다.
픽 병	1868년 체코의 정신의학자 아놀드 픽(Arnold Pick)에 의해 발견된 행동장애, 인격장애, 기억장애가 나타나는 비교적 드문 뇌질환입니다. 알츠하이머병과 유사한 증상과 경과를 나타내지만, 피질위축이 전두엽과 측두엽에 국한되어 있고, 픽소체(Pick body)를 함유하고 있다는 점에서 차이가 있습니다.
뇌수두증	어떤 원인에 의하여 뇌 안을 흐르고 있는 뇌척수액의 흐름이 막혀 뇌실과 지주막하 공간에 뇌척수액이 비정상적으로 축적되는 질환입니다. 뇌척수액의 축적은 뇌압을 높여 치매, 소변장애, 보행장애 등의 증상이 나타나고 다양한 후유증이 발생합니다.

4. 치매의 진단(CDR : 임상치매척도, Clinical Dementia Rating)

구분	정상 CDR 0	최경도 치매 CDR 0.5	경도 치매 CDR 1
기억력	기억장애가 전혀 없거나 경미한 건망증이 때때로 발생	경하지만 지속적인 건망증, 사건의 부분적인 회상만 가능, '양성 건망증'	중등도 기억장애, 최근 것에 대한 기억장애가 더 심함. 일상생활에 지장이 있음
지남력	정상	시간에 대한 경미한 장애가 있는 것 외에는 정상	시간에 대해 중등도의 장애 있음. 사람과 장소에 대해서는 정상이나 실생활에서 길 찾기에 장애 발생 가능
판단력과 문제해결 능력	일상생활의 문제를 잘 해결하고 사업이나 재정문제도 잘 처리함. 과거에 비해 판단력은 아직 좋음	문제해결 능력, 유사성, 상이성 해석에 대한 경미한 장애	문제해결 능력, 유사성, 상이성 해석에 대한 중등도 장애, 사회생활에 대한 판단력은 대부분 유지
사회활동	직장생활, 물건사기, 자원봉사, 사회적 활동 등에서 보통 수준의 독립적 기능 가능	이와 같은 활동에 있어서 장애가 의심되거나 약간의 장애가 있음	이와 같은 활동의 일부에 아직 참여하고 있고, 정상 활동을 수행하는 것처럼 보이나 사실상 독립적 수행 불가능
집안생활과 취미	집안생활, 취미생활, 지적인 관심이 잘 유지되어 있음	집안생활, 취미생활, 지적인 관심이 다소 손상되어 있음	집안생활에 경하지만 분명한 장애가 있고, 어려운 집안일은 포기된 상태임. 복잡한 취미나 흥미는 포기됨
위생 및 몸치장	정상	정상	가끔 개인위생에 대한 권고가 필요

중등도 치매	중증 치매		
CDR 2	CDR 3	CDR 4	CDR 5
심한 기억장애, 과거에 반복적으로 학습한 것만 기억, 새로운 정보는 금방 잊음	심한 기억장애, 부분적이고 단편적인 사실만 보존됨	부분적인 사실도 잊어 버림. 난해하거나 부적절한 언어 사용으로 기억력 검사 곤란	의미있는 기억 기능이 전혀 없음. 이해력이 없거나 둔한 경우가 잦음
시간에 대한 지남력은 상실되어 있고 장소에 대한 지남력 역시 자주 손상됨	사람에 대한 지남력만 유지되고 있음	자신의 이름에 대해서만 때때로 반응함	자신에 대한 인식이 전혀 없음
문제해결 능력, 유사성, 상이성 해석에 심한 장애, 사회생활에서의 판단력이 대부분 손상	판단이나 문제해결이 불가능	단순한 지시나 명령에 대해서도 수행할 능력 없음	문제에 대한 인식이나 주변 환경에 대한 이해 전혀 없음
집 밖에서 독립적인 활동을 할 수 없으나, 외견상으로는 집 밖에서도 기능을 잘 할 수 있어 보임	집 밖에서 독립적인 활동을 할 수 없고, 외견상으로도 가정을 떠나 외부에서 정상적인 기능을 할 수 없어 보임	어떠한 사회적 상황에서도 의미있는 참여 불가능	어떠한 활동에도 참여할 수 없음
아주 간단한 집안일만 할 수 있고, 관심이나 흥미가 매우 제한됨	집안에서 의미있는 기능 수행이 없음	어떠한 취미활동이나 집안 일에도 의미있는 참여를 할 수 없음	어떠한 활동에도 전혀 참여할 수 없음
옷 입기, 개인위생, 개인 소지품의 유지에 도움이 필요	개인위생과 몸치장의 유지에 많은 도움이 필요하며, 자주 대소변의 실금 있음	옷 입기나 식사를 하려는 시도는 있음. 도움없이는 이동하지 못함	식사시 먹여주어야 하고, 누워 지내는 상태

5. 경도인지장애

기억력이나 기타 인지기능의 저하가 검사에서 확인될 정도로 뚜렷하게 감퇴된 상태이나, 일상생활을 수행하는 능력은 보존되어 있어 아직은 치매가 아닌 상태로 치매 전단계라고 할 수 있습니다.

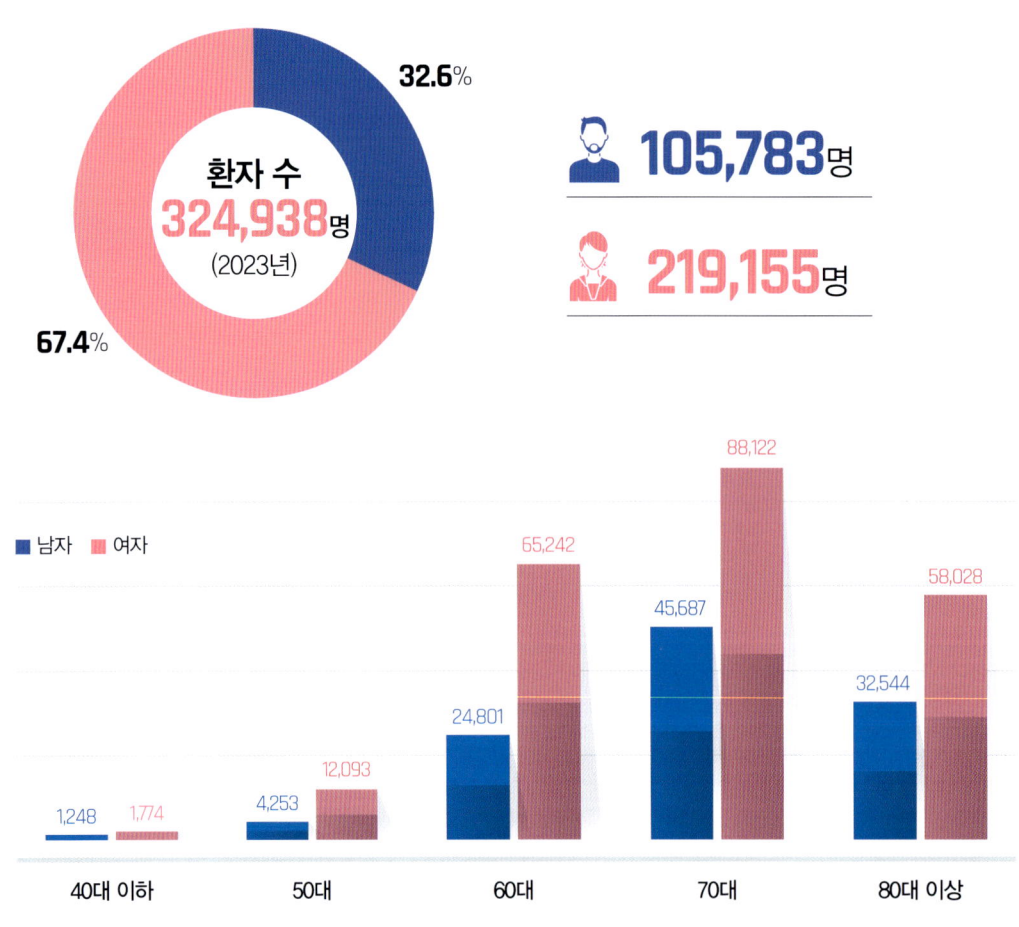

(자료 : 보건의료빅데이터개방시스템, 2023년 기준 / 단위 : 명)

6. 치매의 약물치료

현재 개발 중인 약제를 포함한 모든 약제들은 알츠하이머병의 진행을 약간 늦추거나 증상에 대한 치료를 위한 것이며, 근본적인 병 자체를 치료할 수 있도록 만들어진 약은 없는 상황입니다.

항산화제	항산화제는 자유라디칼이라는 독성물질에 의하여 뇌세포가 파괴되는 것을 막아주는 역할을 하며, 비타민E와 셀레질린이라는 약이 주로 사용됩니다.
항소염제	비스테로이드성 항소염제가 알츠하이머병의 발병률을 낮추는 효과가 있다는 것에 착안하여 연구되고 있는 약제입니다. 하지만 위장장애나 위궤양 등의 장기 복용에 따른 부작용 때문에 적극적인 사용은 많지 않습니다.
여성 호르몬	여성 호르몬이 기억과 학습능력에 관련된 뇌 부위의 퇴행성 변화를 낮추어 알츠하이머병의 발병률을 30% 정도 감소시킬 수 있다고 보고되고 있습니다. 하지만 다른 연구결과도 있어 의사와 상담 후 사용을 권합니다.
타크린	최초로 FDA공인을 받은 치료제로 뇌에서 생성되는 아세틸콜린이 분해되는 것을 억제하여 약 30% 정도의 환자에서 인지기능의 소실을 늦출 수 있다고 알려져 있습니다. 간 관련 부작용으로 현재는 많이 사용하지 않습니다.
아리셉트	1996년 FDA의 승인을 받은 알츠하이머병 치료약물입니다. 뇌의 아세틸콜린 농도를 높이는 약으로 초기 및 중기 환자에게 주로 처방됩니다.
엑셀론	뇌 안에서 아세틸콜린을 분해하는 효소를 억제함으로써 아세틸콜린의 양을 증가시켜 환자의 증상을 호전시키는 약입니다. 부작용이 크지 않아 아리셉트와 함께 가장 많이 사용되는 약물치료제입니다.

7. 치매 지원 서비스

장기요양서비스

고령이나 노인성 질병 등의 사유로 일상생활을 혼자서 수행하기 어려운 노인 등에게 신체활동 또는 가사활동 지원 등의 장기요양급여를 제공하는 사회보험제도입니다.

장기요양등급

장기요양등급	심신의 기능상태	장기요양 인정점수
1등급	심신의 기능상태 장애로 일상생활에서 전적으로 다른 사람의 도움이 필요한 자	95점 이상
2등급	심신의 기능상태 장애로 일상생활에서 상당 부분 다른 사람의 도움이 필요한 자	75점 이상 95점 미만
3등급	심신의 기능상태 장애로 일상생활에서 부분적으로 다른 사람의 도움이 필요한 자	60점 이상 75점 미만
4등급	심신의 기능상태 장애로 일상생활에서 일정 부분 다른 사람의 도움이 필요한 자	51점 이상 60점 미만
5등급	치매환자(노인장기요양보험법 시행령 제2조에 따른 노인성 질병으로 한정)	45점 이상 51점 미만
인지지원등급	치매환자(노인장기요양보험법 시행령 제2조에 따른 노인성 질병으로 한정)	45점 미만

(자료 : 노인장기요양보험 제도 소개, 국민건강보험)

장기요양급여의 종류

재가급여
- **방문요양** : 장기요양요원이 수급자의 가정을 방문하여 신체활동 및 가사활동 지원
- **인지활동형 방문요양** : 1~5등급 치매수급자에게 인지자극 활동 및 잔존기능 유지·향상 훈련 제공
- **방문목욕** : 목욕설비를 갖춘 차량을 이용하여 수급자의 가정을 방문하여 목욕 제공
- **방문간호** : 간호사, 간호조무사, 치위생사가 간호 및 진료의 보조, 요양에 관한 상담, 구강위생 제공
- **주·야간보호** : 하루 중 일정한 시간 동안 장기요양기관에 보호하여 목욕, 식사, 간호, 치매관리 등 심신기능의 유지·향상을 위한 교육, 훈련 등을 제공
- **단기보호** : 월 9일 이내 기간 동안 장기요양기관에 보호하여 신체활동 지원 및 심신기능의 유지·향상을 위한 교육, 훈련 등을 제공

시설급여
- **노인요양시설** : 장기간 입소한 수급자에게 신체활동 지원 및 심신기능의 유지·향상을 위한 교육, 훈련 등을 제공 (입소정원 10명 이상)
- **노인요양 공동생활 가정** : 장기간 입소한 수급자에게 가정과 같은 주거 여건에서 신체활동 지원 및 심신기능의 유지·향상을 위한 교육, 훈련 등을 제공 (입소정원 5~9명)

복지용구
- **구입 품목** : 이동변기, 목욕의자, 보행기, 안전손잡이, 미끄럼 방지용품, 간이변기, 지팡이, 욕창예방 방석, 자세변환 용구, 요실금팬티
- **대여 품목** : 수동휠체어, 전동침대, 수동침대, 이동욕조, 목욕리프트, 배회감지기
- **구입/대여 품목** : 욕창예방 매트리스, 경사로(실내용, 실외용)

특별 현금급여 (가족 요양비)
- 수급자가 섬, 벽지에 거주하거나, 천재지변, 신체, 정신, 성격 등의 사유로 장기요양급여를 지정된 시설에서 받지 못하고 그 가족으로부터 방문요양에 상당하는 장기요양 급여를 받을 때 지급하는 현금급여
- 매월 수급자에게 229,070원 지급(2025.1월 기준)

치매
Dementia

우동을 주문하면 돈까스가 나오는
식당을 아세요?

STEP 01

주문을 틀리는 요리점

사진은 2017년 일본 NHK의 오구니 시로 PD가 기획해 인기를 끌었던, 치매환자들이 직원으로 일하는 기간 한정 레스토랑 '주문을 틀리는 요리점'입니다. 약 40% 정도가 주문한 것과 틀린 음식을 받지만 그 실수를 관용으로 감싸며 치매환자를 이해하는데 도움을 준 프로그램입니다.

(자료 : www.amazon.co.jp)

STEP 02

65세 이상 노인 10명 중 1명은 치매환자입니다.

2023년 65세 이상 노인 인구 중 추정 치매환자는 98만 4,600여 명으로 2024년 100만명을 돌파 하였을 것으로 추정하고 있습니다. 65세 이상 노인인구의 치매유병률은 10.4%로 10명 중 1명은 치매환자입니다.

65세 이상 노인 인구 중 추정 치매환자 수

984,601 명

65세 이상 유병률 (2023년) 10.4%

(자료 : 2023 치매오늘은, 중앙치매센터, 2024.03)

65세 이상 치매환자 중 여자의 비율이 남자보다 높습니다.

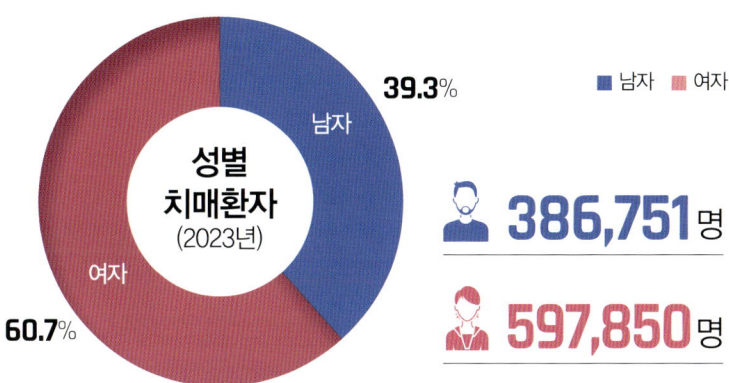

(자료 : 2023 치매오늘은, 중앙치매센터, 2024.03)

STEP 03

65세 이상 성별 치매환자의 구성비율은 여자가 60.7%로 남자에 비해 압도적으로 많습니다. 여자의 평균수명이 더 길기 때문에 환자 수가 많은 부분도 있으나 알츠하이머병의 경우 여자의 발생 가능성이 높기 때문에 더욱 주의가 필요합니다.

치매환자는 지속적으로 증가하고 있는 추세입니다.

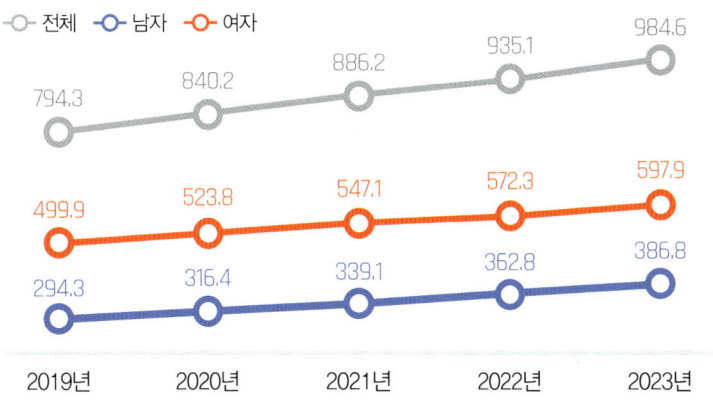

(자료 : 2023 대한민국치매현황, 중앙치매센터, 2024.06 / 단위 : 천명)

STEP 04

65세 이상 노인인구 중 추정 치매환자는 2019년 79만 4천여 명에서 2021년 88만 6천여명, 2023년 98만 5천여명으로 지속적으로 증가하는 추세를 보이고 있습니다.

STEP 05

우리나라는 2024년에 처음으로 환자 100만명을 돌파하고, 15년 뒤인 2040년 다시 100만명이 증가해 200만명, 10년 뒤인 2050년에 300만명을 돌파할 것으로 보입니다. 베이비부머세대로 인한 압축 고령화로 치매환자의 증가속도는 점점 더 빨라지고 있습니다.

치매환자의 증가속도는 점점 더 빨라집니다.

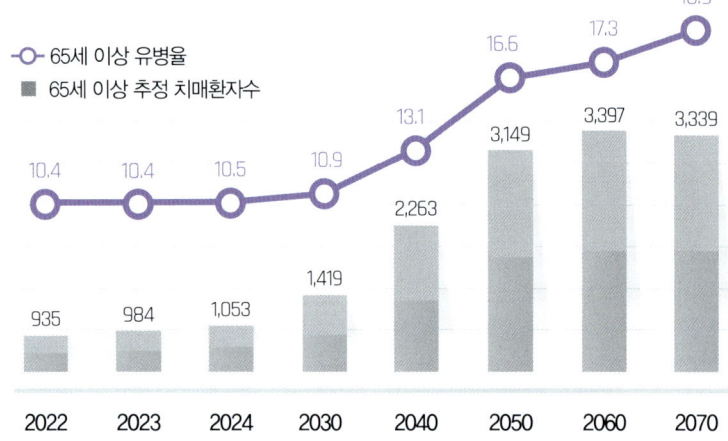

(자료: 대한민국치매현황 2023, 중앙치매센터, 2024.06 / 단위: 천명, %)

STEP 06

연령별 치매환자의 비중을 살펴보면 당연히 연령이 높아질수록 증가하고, 75세 이상이 84.3%입니다. 발생위험이 급증하는 70대가 되기 이전에 치매에 대한 준비가 필요합니다.

치매환자의 84%는 75세 이상입니다.

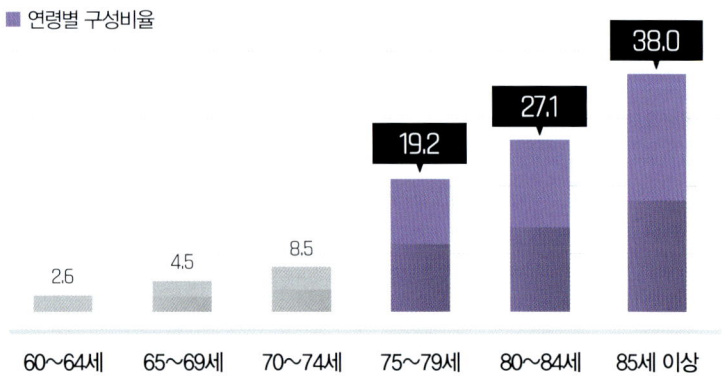

(자료: 2023 치매오늘은, 중앙치매센터, 2024.03 / 단위: %)

중증치매는 15.5%에 불과하고
경도와 중등도가 크게 증가하고 있습니다.

STEP 07

중증도별로 살펴보면, 많은 분들이 두려워하는 중증치매는 15.5%에 불과합니다. 또 58.8%는 일상생활에 큰 무리가 없는 최경도와 경도치매입니다.

중증도별 환자수의 증가추이를 보면, 중증치매 보다 경도와 중등도가 더 큰 폭으로 증가하고 있습니다.

예전에는 흔히 치매하면 연상되는 심각한 증상들이 나타나는 중증치매 위주의 보장 상품이 많았습니다. 때문에 치매에 대한 보장 준비를 고려할 때는 최경도부터 중증까지 보장받을 수 있는지 보장범위와 중증도가 심해질수록 보장금액이 증가하는지 등을 꼼꼼하게 체크해 보아야 합니다.

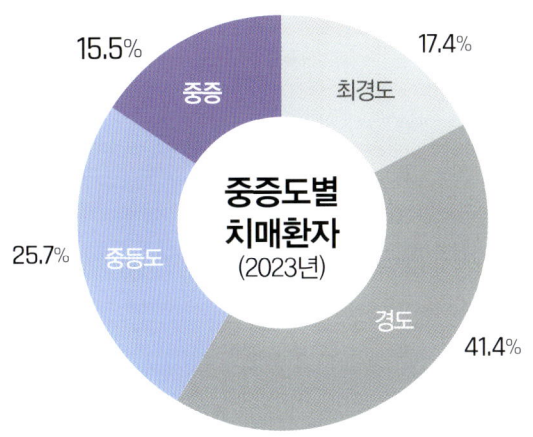

(자료 : 2023 치매오늘은, 중앙치매센터, 2024.03)

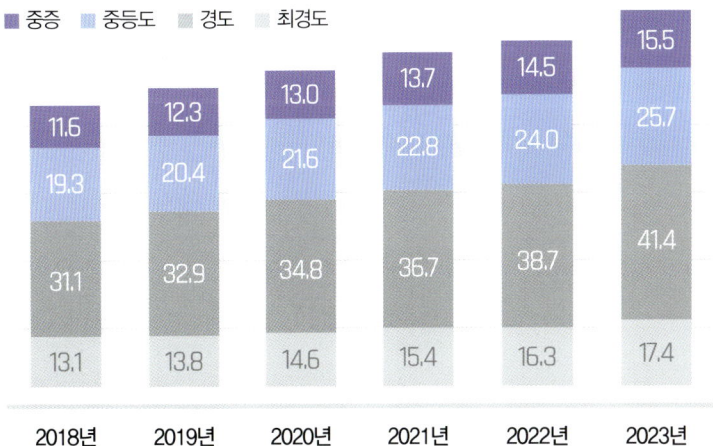

(자료 : 2023 대한민국치매현황, 중앙치매센터, 2024.06 / 단위 : 만명)

STEP 08

치매환자의 치료는 경도와 중등도, 외래 이용이 가장 많습니다.

중증도 별로 경도와 중등도치매환자가 많다보니, 장기요양보험 등급별 비용도 중등도인 3등급, 경도인 4등급의 비중이 가장 높습니다.

또 의료이용행태별 진료건수 역시 외래가 52.3%, 약국이 35.6%로 대부분을 차지하고 있고, 입원은 12.1%에 불과합니다.

많은 분들이 치매하면 입원과 요양시설 입소 등을 떠올리실 텐데 실제로는 일상생활을 하면서 치료하는 비중이 훨씬 높으며, 이러한 부분을 감안한 보장준비가 바람직합니다.

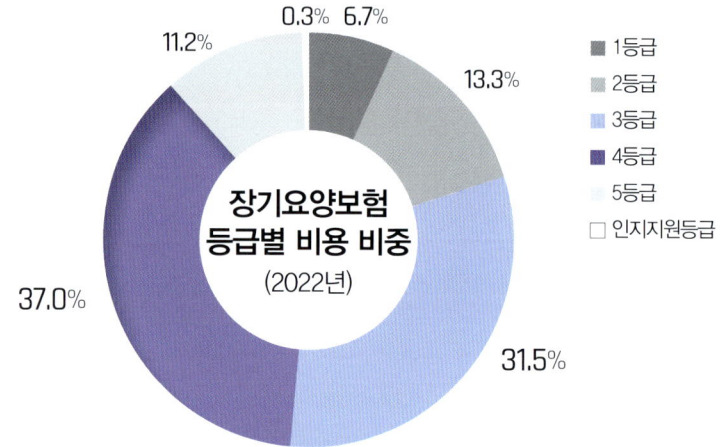

장기요양보험 등급별 비용 비중 (2022년)
- 1등급: 6.7%
- 2등급: 13.3%
- 3등급: 31.5%
- 4등급: 37.0%
- 5등급: 11.2%
- 인지지원등급: 0.3%

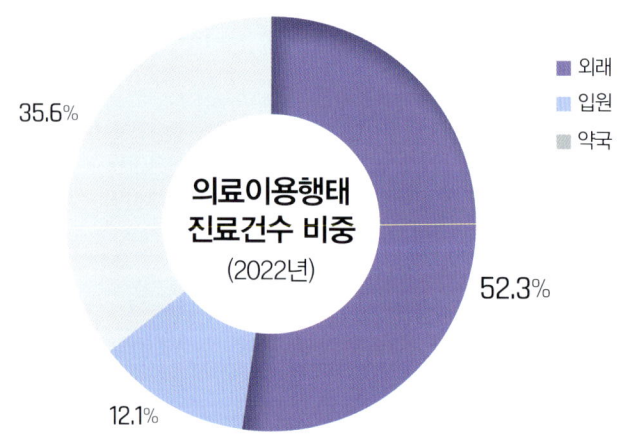

의료이용행태 진료건수 비중 (2022년)
- 외래: 52.3%
- 입원: 12.1%
- 약국: 35.6%

(자료 : 2023 대한민국치매현황, 중앙치매센터, 2024.06)

환자와 가족이 함께 앓는 슬프고 두려운 질병입니다.

STEP 09

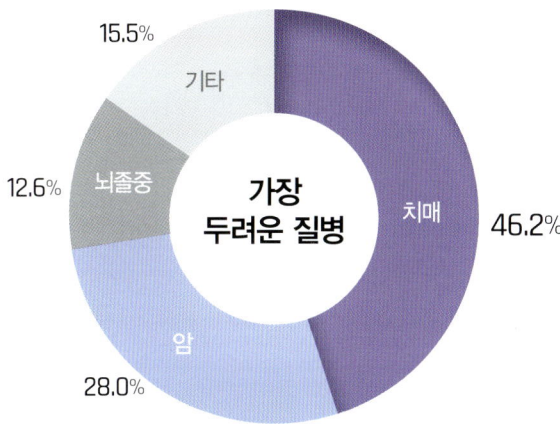

(자료 : 치매국가책임제에 대한 여론 조사, 보건복지부, 2018)

치매환자의 평균 생존기간
12년 6개월
(자료 : 대한치매학회, 2017)

간병을 위해 직장을 관두거나 근로시간을 줄인 보호자
48%
(자료 : 중앙치매센터, 2019)

전문시설이 아닌 가정에서 돌봄 비중
10명 중 7명
(자료 : 대한치매학회, 2017)

치매환자 보호자의 수면부족
90%
(자료 : 뉴욕주립대학교 연구팀, 2018)

현재 우리나라는 치매환자를 국가가 책임지는 국가책임제를 시행하고 있습니다. 이 제도 도입 여부를 검토하기 위해 시행한 설문조사에서 응답자의 46.2%는 가장 두려운 질병으로 치매를 꼽았습니다.

치매에 관한 다양한 통계들을 살펴보면 치매환자의 평균 생존기간은 12년 6개월로 환자와 가족이 감당해야 하는 기간이 다른 중증질환에 비해 깁니다. 그러다 보니 보호자 중 48%는 간병을 위해 직장을 관두거나 근로시간을 줄였고, 비용 등의 문제로 전문시설이 아닌 가정에서 돌보는 비중이 약 70%이고, 90%에 달하는 보호자는 수면부족을 겪고 있습니다.

치매는 환자 뿐만 아니라 가족이 함께 앓는 슬프고 두려운 질병입니다.

STEP 10

치매는 정신적인 부분 뿐만 아니라 경제적으로도 매우 두려운 질병입니다.

2023년 기준 치매환자의 1인당 연간관리비용은 2,300만원으로 연간 가구 평균소득 6,029만원 대비 38.1% 수준입니다. 일반적인 가정에 치매환자 1명이 있다면 소득의 약 40% 가량을 그 환자를 위해 지불해야 함을 의미하는 것입니다.

다양한 약제나 치료기술의 발달과 물가 및 의료비용 상승에 따라 1인당 관리비용은 꾸준한 증가추세를 나타내고 있습니다. 혹시라도 요양시설을 이용하는 경우 등을 감안하면, 더욱 두터운 대비가 필요합니다.

1인당 연간 관리비용은 2,300만원으로 연간 가구 평균소득 6,029만원의 38.1%입니다.

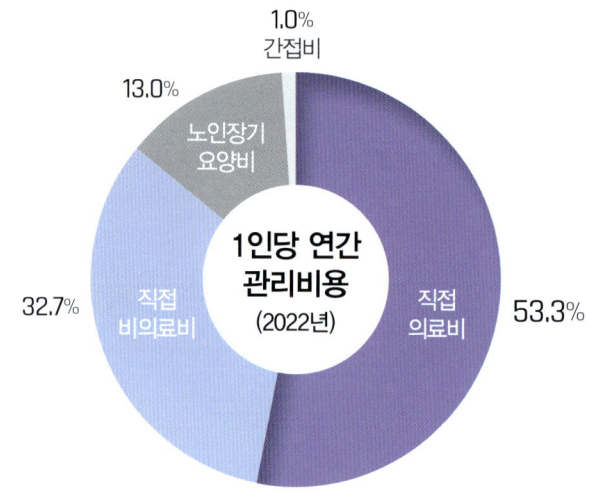

- 직접의료비 : 급여·비급여 의료비, 본인 부담 약제비
- 직접비의료비 : 간병비용, 교통비, 보조용품 구입비, 환자·보호자 시간비용
- 노인장기요양비용 : 재가급여, 시설급여
- 간접비 : 조기 퇴직 등 치매로 인해 발생하는 환자 생산성 손실 비용

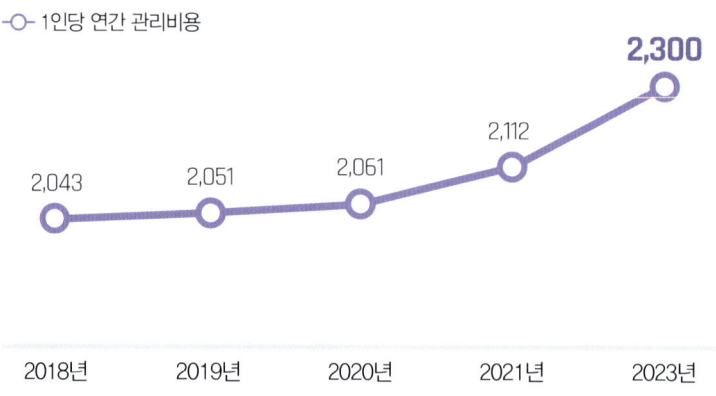

(자료 : 2023 대한민국치매현황, 치매오늘은, 중앙치매센터, 2024.06 / 단위 : 만원)

Epilogue

치매는 고스톱으로
막을 수 없습니다.

보장설계 프로세스를 한 눈에
CONSULTING MAP

01
우동을 주문하면 돈까스가 나오는 식당을 아세요?

치매환자를 직원으로 고용한 '주문을 틀리는 요리점' 프로그램

02
65세 이상 노인 10명 중 1명은 치매환자

2023년 65세 이상 치매환자 98만 4,601명, 65세 이상 치매유병률 10.4%

08
경도와 중등도의 외래 이용이 가장 많아

장기요양보험 비용 비중 3, 4등급이 68.5%, 외래 52.3%, 약국 35.6%

07
중증치매는 15.5%에 불과 경도와 중등도 크게 증가

경도와 중등도의 비중 67.1%로 큰 폭으로 증가 중

09
환자와 가족이 함께 앓는 두렵고 슬픈 질병

가장 두려운 질병으로 치매 선택 46.2%, 평균 생존기간 12년 6개월, 가정돌봄 70%

10
1인당 연간 관리비용 2,300만원

연간 가구 평균소득 6,029만원의 38.1% 1인당 관리비용 지속적 증가 추세

03
치매환자 중 여자의 비율이 남자보다 높아

2023년 치매환자 중
여자 비율 60.7%
남자 비율 39.3%

04
치매환자는 지속적으로 증가하는 추세

2019년 약 80만명에서
2023년 98만명, 2024년
100만명 시대로

06
치매환자의 약 84%는 75세 이상

연령이 높아질수록 증가하고
75세 이상 84.3%로
발생위험 증가

05
치매환자 증가속도는 점점 더 빨라질 것

2024년 100만명,
2040년 200만명,
2050년 300만명
돌파 예정

EPILOGUE

치매는 고스톱으로
막을 수 없습니다.

맛있고 풍성한 보장설계를 위한
CONSULTING TIP

QUESTION 01

주변의 치매환자들을 보면 대부분 요양시설에 모시는 경우가 많더라구요. 그런데 자제분들이 부담하는 금액이 천차만별이던데 치매환자의 요양시설 이용 비용은 얼마나 되나요?

point 01 요양원과 요양병원의 차이를 이해해야 합니다.

치매환자 등 노인성 질병을 앓고 계신 분들을 위한 요양시설은 돌봄과 요양 목적의 요양원과, 치료 및 재활, 간호, 간병 목적의 요양병원으로 구분되는데, 그 차이를 이해하는 것이 중요합니다.

point 02 요양원은 환자와 가족이 희망한다고 입소할 수 없습니다.

요양원은 상대적으로 비용이 적게 들기 때문에 많은 분들이 선호하지만, 장기요양등급 1, 2등급은 입소할 수 있지만 해당 등급 이외 분들은 별도의 등급판정위원회의 인정이 있어야 입소가 가능합니다.

point 03 가장 중요한 경제적 비용의 차이는 간병비용입니다.

요양원은 입소자격에 제한조건이 많아 까다로운 반면 요양보호사가 상주하고, 요양병원은 의료진은 상주하지만 요양보호사 등이 상주하지 않아 간병비용을 본인이 100% 부담해야 한다는 점이 다릅니다.

요양원과 요양병원의 비교

구분		요양원	요양병원
적용 법률		노인복지법	의료법
적용 보험		노인장기요양보험	국민건강보험
이용자격		장기요양등급 1등급, 2등급 3~5등급 : 등급판정위원회의 인정 필요	자격제한 없음. 환자보호자의 선택
서비스		신체활동 및 가사 등 간병 및 돌봄	노인성 질병의 치료 및 재활, 간호, 간병
의료 인력		의사 비상주 : 협진, 촉탁의 방문 사회복지사, 요양보호사 상주	의사, 간호사, 물리치료사 등 상주
비용	입원비	본인부담 20%, 공단부담 80% 시설 및 수급자에 따라 차등 1~3인실 : 월 30~60만원 추가	본인부담 20%, 공단부담 80% 비급여항목 본인부담 100% 1~3인실 : 월 90~300만원 추가
	간병비	본인부담 0%, 공단부담 100%	본인부담 100%, 공단부담 0%
	식비	본인부담 100%	본인부담 50%, 공단부담 50%
기타		간식비, 복지용품비 등 본인부담	간식비, 복지용품비 등 본인부담

장기요양보험 월 한도액 및 급여비용(2025. 1. 1. 기준)

구분		등급	1일당 급여 (원)	월급여 (원)	본인부담 (20%)
노인요양 시설	입소자 2.1명 당 요양보호사 1명 이상	1등급	90,450	2,713,500	542,700
		2등급	83,910	2,517,300	503,460
		3~5등급	79,240	2,377,200	475,440
	입소자 2.1명 당 요양보호사 1명 미만	1등급	86,030	2,580,900	516,180
		2등급	79,810	2,394,300	478,860
		3~5등급	75,360	2,260,800	452,160
노인요양 공동생활가정		1등급	72,480	2,174,400	434,880
		2등급	67,250	2,017,500	403,500
		3~5등급	62,000	1,860,000	372,000
노인요양시설 내 치매전담실 (가형)		2등급	94,220	2,826,600	565,320
		3~5등급	86,880	2,606,400	521,280

(자료 : 노인장기요양보험 제도 소개, 국민건강보험, 2025.01 / 단위 : 원)

QUESTION 02

많은 분들이 정말 걸리고 싶지 않은 질병으로 치매를 꼽습니다.
치매도 다른 질병과 같이 예방이나 조기검진이 중요할텐데, 치매를 스스로 진단해 볼 수 있는 방법이 있나요?

POINT 치매 자가진단 체크리스트를 활용해 보세요.

중앙치매센터가 발행한 '2023 나에게 힘이 되는 치매가이드북'에서는 치매 자가진단 체크리스트를 제공하고 있습니다. 해당되는 항목에 체크하시고 점수가 높을수록 주관적 기억감퇴가 심한 것 입니다.

항목	예	아니오
1. 당신은 기억력에 문제가 있습니까?	☐	☐
2. 당신의 기억력은 10년 전에 비해 저하되었습니까?	☐	☐
3. 당신은 기억력이 동년의 다른 사람들에 비해 나쁘다고 생각합니까?	☐	☐
4. 당신은 기억력 저하로 일상생활에 불편을 느끼십니까?	☐	☐
5. 당신은 최근에 일어난 일을 기억하는 것이 어렵습니까?	☐	☐
6. 당신은 며칠 전에 나눈 대화 내용을 기억하는 것이 어렵습니까?	☐	☐
7. 당신은 며칠 전에 한 약속을 기억하기 어렵습니까?	☐	☐
8. 당신은 친한 사람의 이름을 기억하기 어렵습니까?	☐	☐
9. 당신은 물건 둔 곳을 기억하기 어렵습니까?	☐	☐
10. 당신은 이전에 비해 물건을 자주 잃어버립니까?	☐	☐
11. 당신은 집 근처에서 길을 잃은 적이 있습니까?	☐	☐
12. 당신은 가게에서 사려고 하는 두세 가지 물건의 이름을 기억하기 어렵습니까?	☐	☐
13. 당신은 가스불이나 전기불 끄는 것을 기억하기 어렵습니까?	☐	☐
14. 당신은 자주 사용하는 전화번호를 기억하기 어렵습니까?	☐	☐

※ 6개 항목 이상에 '예'라고 표시될 경우 가까운 보건소에서 치매조기검진을 받아 보세요.

QUESTION 03

치매는 왜 걸리는 것인가요? 만약 예방할 수 있다면 좋을텐데,
치매를 일으키는 위험인자는 무엇이고, 치매를 예방하기 위하여 주의해야 점은 무엇일까요?

POINT 치매의 원인은 크게 질병, 후유증, 생활습관으로 구분할 수 있습니다.

치매의 원인은 알츠하이머, 루이소체와 같은 질병이 발생하거나, 일과성 뇌허혈발작의 반복, 뇌졸중 등의 후유증으로 발생하거나, 위험률이 높아지는 생활습관으로 구분할 수 있습니다.

POINT 나쁜 생활습관은 치매위험을 증가시킵니다.

치매 발생위험을 증가시키는 위험인자는 가급적 없애거나, 지속적인 관리가 필요합니다.

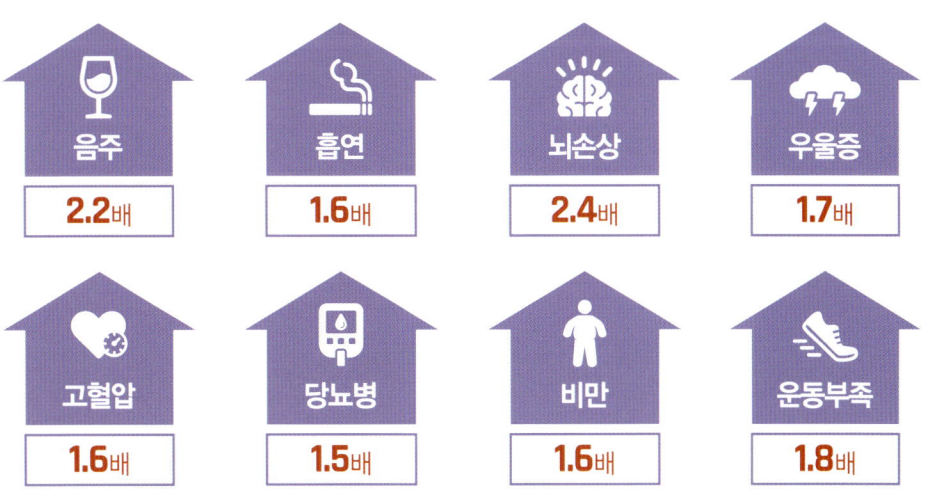

(자료 : 2024 나에게 힘이 되는 치매가이드북, 중앙치매센터, 2024. 07)

보장설계시 이것만은 꼭 챙겨야 할
CONSULTING POINT

point 01

치매 보장 준비는 선택이 아닌 필수

65세 이상 노인의 치매 유병률은 10.4%로 10명 중 1명이고, 환자 수와 유병률은 계속 증가할 것으로 예측되고 있습니다. 고령화가 가속화되고 있는 현실속에서 치매는 누구에게나 발생할 수 있는 질병입니다.

point 02

유병률이 높은 여성은 우선 준비

2023년 65세 이상 치매환자 중 여자의 비율이 60.7%로 남자에 비해 높습니다. 또 남자에 비해 평균수명이 약 6세 정도 길고, 여자의 사망원인 5위가 알츠하이머병입니다. 때문에 여자라면 치매에 대한 보장을 우선적으로 준비해야 합니다.

point 03

각 중증도별 보장 여부를 확인해야

예전 치매보험은 중증치매만 보장하는 경우가 많았습니다. 하지만 2023년 치매환자 중 중증치매는 15.5%에 불과합니다. 치매 역시 조기치료가 중요한 만큼 최경도, 경도, 중등도, 중증의 중증도별 보장 여부를 꼭 확인해야 합니다.

point 04
보장 범위도 꼼꼼하게 확인해야

2022년 장기요양보험 등급별 비용 중 68.5%는 3등급과 4등급입니다. 또한 의료이용행태 중 입원은 12.1%에 불과하며 52.3%는 외래입니다. 따라서 통원이나 외래 등 보장 범위의 체크도 필요합니다.

point 05
진단금은 가급적 크게 준비하는 것이 바람직

치매는 신체적, 정신적 고통 뿐만 아니라 경제적 고통도 큰 질병입니다. 치매환자의 1인당 연간 관리비용은 2,300만원입니다. 이러한 경제적 부담을 감안하여 가급적 진단금을 크게 준비하는 것이 좋습니다.

point 06
보장기간은 가급적 길게 하는 것이 바람직

2023년 치매환자 중 84.3%는 75세 이상이고, 당연히 연령이 높아질수록 증가합니다. 평균수명이 계속 증가하는 추세임을 감안하면 보장기간은 가급적 길게 준비해야 합니다.

point 07
요양시설 등 돌봄비용에 대한 준비 필요

최근에는 치매환자를 요양시설 등에서 돌보는 경우가 많습니다. 요양원과 요양병원의 차이를 이해하고, 각각의 비용 등을 확인하여, 단순한 치료비용 이외에 요양시설 돌봄비용을 함께 고려해야 합니다.

point 08
장기 간병에 대한 준비가 가장 필요한 질병

치매환자의 평균 생존기간은 12년 6개월입니다. 다른 중증질환에 비해 상대적으로 길고, 24시간 간병을 필요로 하는 질병이기 때문에 장기 간병에 대비한 보장 준비가 반드시 필요합니다.